翻轉學

翻轉學

翻轉學

翻轉學

淬鍊成功人生的
咖啡豆思維

翻轉信念，從消沉無力到發揮真實力的經典商業寓言

The Coffee Bean

A Simple Lesson to Create Positive Change

強・高登 Jon Gordon & 戴蒙・威斯特 Damon West —— 著
瑞秋・藝潭・金 Rachel Yedam Kim —— 繪　張家綺 —— 譯

強謹以本書獻給克服困境、
像一顆咖啡豆般扭轉乾坤的凱薩琳。

＊＊＊

謹將本書獻給我的妻子坎黛爾和女兒克萊拉，
妳們是我最愛的咖啡豆。愛妳們，戴蒙。

目錄｜Contents

推薦序　修成正果的咖啡豆／褚士瑩 ……… 011

前言　咖啡豆寓言造就的影響力 ……… 017

你想成為胡蘿蔔、雞蛋，還是咖啡豆？ ……… 021

推薦序
修成正果的咖啡豆

——褚士瑩，作家／法國哲學諮商教練

我這幾年以哲學諮商師的身分，帶領各式各樣哲學思辨的工作坊，讓我有很多機會去接觸平時不容易接觸的人，了解這些人不容易被人知道的想法。

比如最近，有一場專門給出家人和修行人的閉門哲學工作坊，我們最後挑戰的主題很大膽：「如何離開做作、不自然的修練？」

我給修行人的壞消息是：「人認為自己可以透過修行成神成佛，就像在沒有基因突變下，要促成物種演化，是不合理性思維的。」

「演化」的英文是evolution，指的是生物的基因中帶有毫無方向、目標的突變，跟個體意願無關，突變所產生的個體，有少數恰巧相容、適合於其生存的環境，然而大多數突變產生的個體，並不見得都會適合於其生存的環境，所以少數恰巧適合環境的個體會比較容易存活下來，繁衍出更多類似的後代，變得強勢，一切都取決於機率與巧合，可遇不可求，是隨機的。

「進化」則是emergence，在基因排列組合不改變的前提下，從劣等變優等、從簡單變複雜、從原始變文明，簡單的說就是「變好」。

無論是胡蘿蔔煮了變軟，生雞蛋煮了變硬，咖啡豆煮了變成咖啡，就跟「修行」一樣，需要很多有意識的努力，所以要看清這件事有其做作、不自然的本質，還有結果是不是真的「變好」，其實跟你真正想要的，是什麼有關。

如果你要的是溏心蛋，蛋黃煮全熟了，就是失敗，但是生蛋、溏心蛋、水煮雞蛋三者本身，我們不能說這些轉化誰比較好，誰比較不好，一切都取決於「意願」。

只因為人有佛性，神性，就認為人可以修練「成佛」、「成神」，還不如修練成香蕉比較有可能，因為人類與香蕉有二分之一的基因是相同的！

黑猩猩搞不好更快，因為基因相似度高達九六%，修成貓也不錯喔：九〇%相同。人跟老鼠有八〇%相同，跟果蠅、雞都有六〇%相同，就算跟酵母都有二六%相同，難道你相信酵母修成正果會變成人嗎？並——不——會！

所以人只能做自己，就像香蕉只能做香蕉，酵母只能做酵母，而神只能做神，否則就是不自然、做作，這也解釋了為什麼無論哪一個宗教的修行者，情緒時常被焦慮，害怕，憤怒所占據。

最後我們討論出四個很棒的解決方法：

1. 欲望要比能力小。
2. 認清「我是誰？」
3. 不自然、做作的好處在於「體驗」，但是人不能也不該長期處在不自然、做作的狀態。
4. 對自己的自然狀態要有覺察，並且接受，即使難免有罪惡感，也要在理性上認清這種罪惡感是不必要的。

採用這些方法，就會幫助負面情緒轉化成放鬆，平靜，愉快——這不正是修行想要追求的效果嗎？如果你要的是咖啡，那就讓咖啡豆修成正果，轉化成一杯美味的咖啡吧！但是在轉化之前，別忘了想清楚自己真正要的是什麼！

前言
咖啡豆寓言造就的影響力

二〇一八年夏天，強・高登（Jon Gordon）坐在戴寶・史威尼（Dabo Swinney）的辦公室，兩人討論著近期看過的書，分享創造優質文化和贏家團隊的心得感想。

自二〇一二年起，每次訓練營結束後，他們都會像這樣坐下聊天。

這一次，史威尼告訴高登，他找了一個人來為他的團隊演講，而這人分享了他聽過最具深遠影響力的一則訊息。這個人就是戴蒙・威斯特（Damon West），他的演講主題是咖啡豆。

史威尼很喜歡這則咖啡豆的故事，甚至隨身攜帶著威斯特送他的小巧木製咖啡豆鑰匙圈。

高登也對這個故事相當感興趣，他想認識一下威斯特這個人，並瞭解咖啡豆背後的訊息，於是致電給威斯特，邀請他分享故事。

威斯特的人生起落、冒著風險重新爬起來的經歷，是高登聽過最了不起的故事之一。

威斯特與高登分享咖啡豆的力量，更解釋這個故事是如何啟發改變他的人生，讓他不可思議地逆轉奇蹟。高登認為全世界都該聽聽咖啡豆的故事，於是邀請威斯特一起寫這本書。

威斯特和高登相信，咖啡豆的故事是世界上最重要又影響深遠的訊息，真心希望這個簡單卻強而有力的一課能鼓舞激勵你及你的團隊，並能因此為你們帶來正向的轉變。

你想成為胡蘿蔔、雞蛋，

還是咖啡豆？

亞伯拉罕（Abraham）平時很喜歡科學課，今天上課時卻一臉厭世。

今天的他討厭科學、學校和人生的一切。

他最喜歡的老師傑克森（Jackson）先生掃視教室時，發現亞伯拉罕不太對勁，於是下課後吩咐亞伯拉罕留下，關心他的狀況。

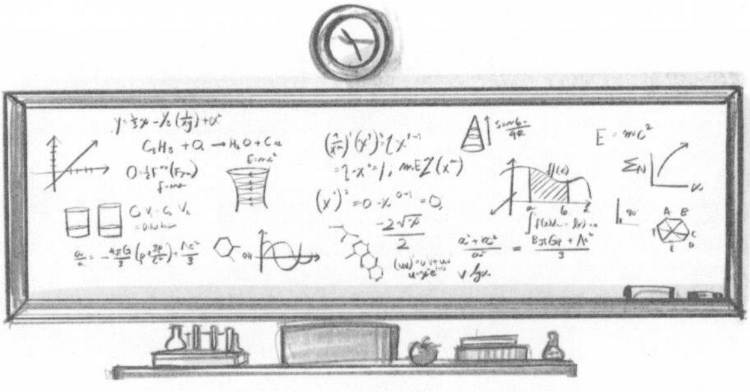

大家都叫亞伯拉罕為「亞伯」（Abe）。

亞伯告訴傑克森先生，他的課業壓力很大，不但要面對很多考試，還要交一份重要的報告，週五有一場關鍵美式足球比賽也讓他相當緊張。

他的夢想是加入大學的美式足球校隊，聽說球探也會來觀賞這場比賽。要是這場比賽贏了，他的隊伍就會離州冠軍不遠。

而讓情況雪上加霜的是，他的父母經常吵架，甚至有史以來第一次提到「離婚」兩個字。

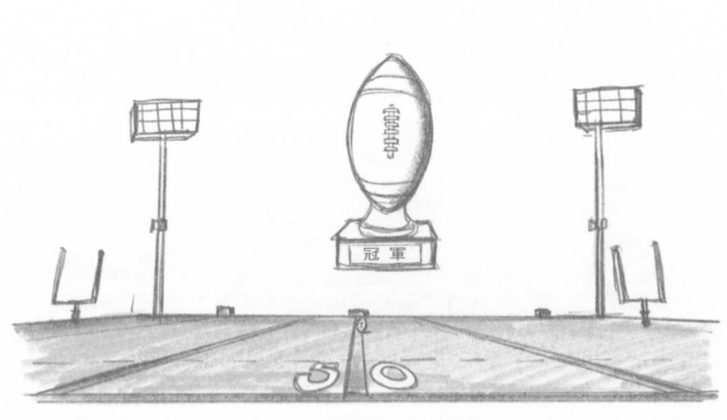

亞伯說，他試著對問題視而不見，並將大把時間耗在社群網站和觀看影片上，但這並沒有幫到他，反而讓他變得更消沉負面。

接著他又說了：「當你表現好的時候很難達到別人的期許，而在表現不好時更難聽進負面的評價。」

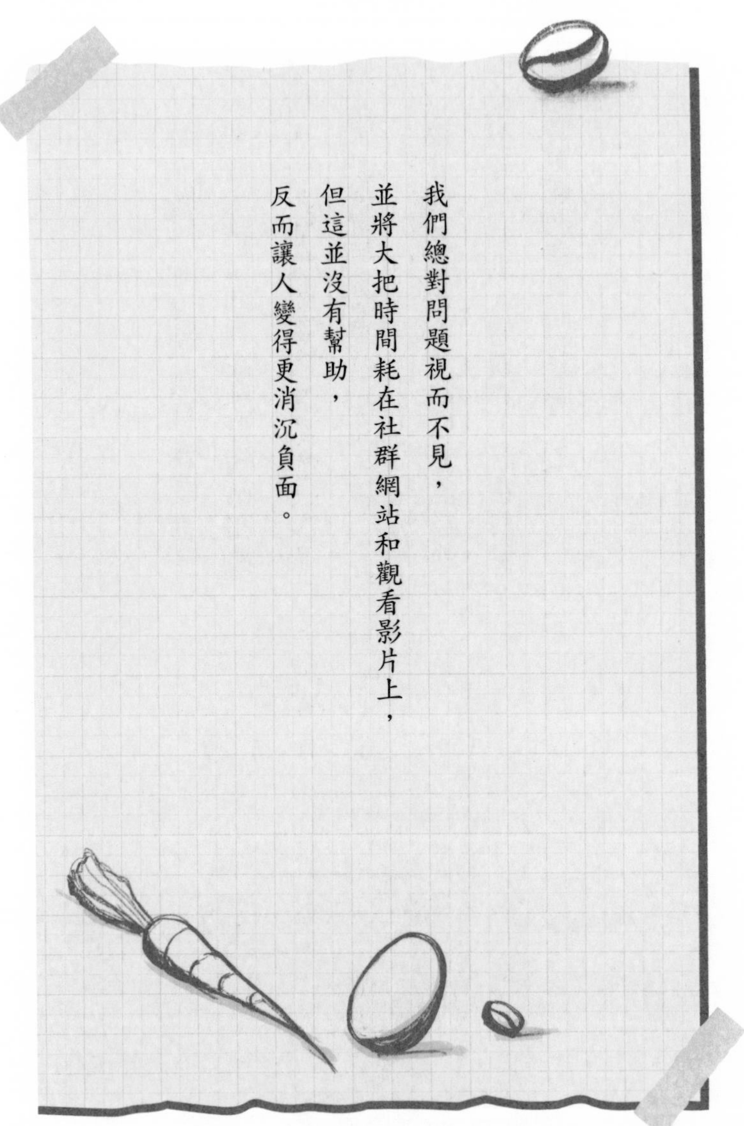

我們總對問題視而不見，
並將大把時間耗在社群網站和觀看影片上，
但這並沒有幫助，
反而讓人變得更消沉負面。

傑克森先生點點頭，告訴亞伯他完全懂他的心情，然後走到白板前擦掉科學公式，畫了一個裝有胡蘿蔔和水的鍋子。

傑克森先生問：「把胡蘿蔔丟進滾燙的熱水中會發生什麼事？」

亞伯回答：「胡蘿蔔會變熱。」

傑克森先生答道：「沒錯，但不是只會變熱而已。我要你今晚回家後試著煮胡蘿蔔，看看會發生什麼事。」

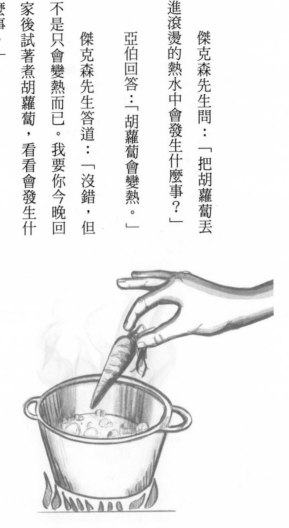

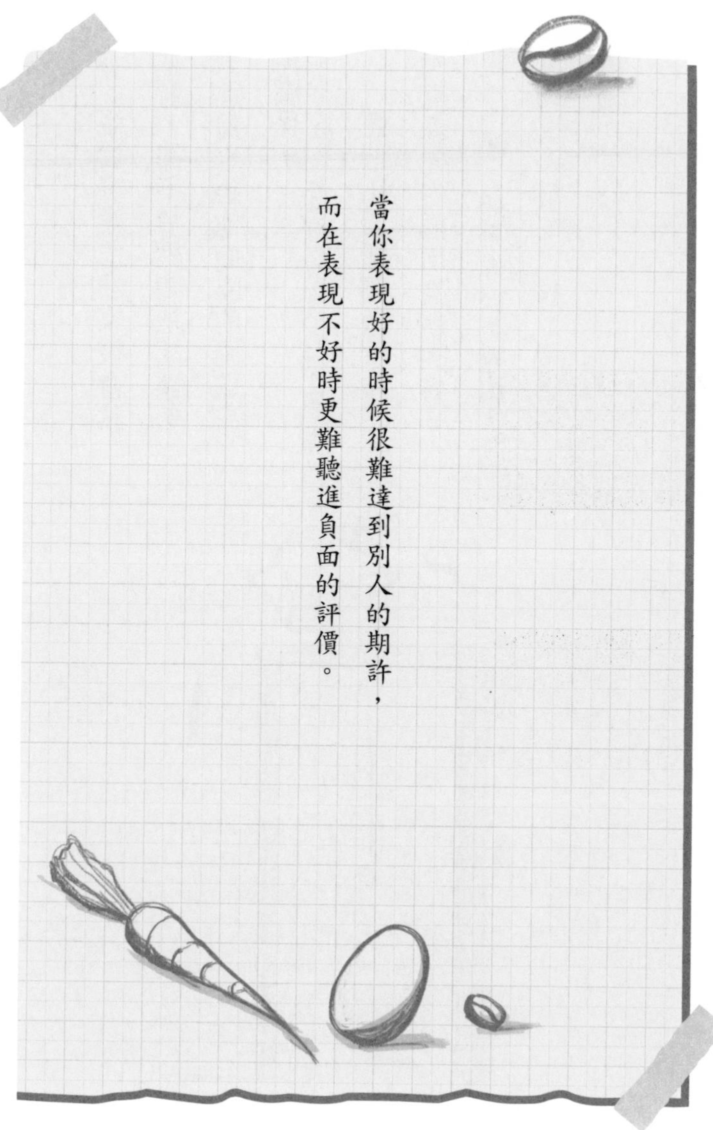

當你表現好的時候很難達到別人的期許，
而在表現不好時更難聽進負面的評價。

亞伯答應他回家後會試試看，卻不禁納悶把胡蘿蔔丟進熱水跟他面臨的問題有何關係。

亞伯正要離開教室時，傑克森先生露出爽朗笑容，說：「噢，如果你沒下過廚，可以找人幫忙，我不希望你燙傷。」

翌日下課後，亞伯告訴傑克森先生，他把胡蘿蔔丟進滾燙熱水，過了約十分鐘，胡蘿蔔就變軟了。

「沒錯，胡蘿蔔在這種環境下會變得軟爛且脆弱，它會受所遇情況影響。」傑克森先生說。

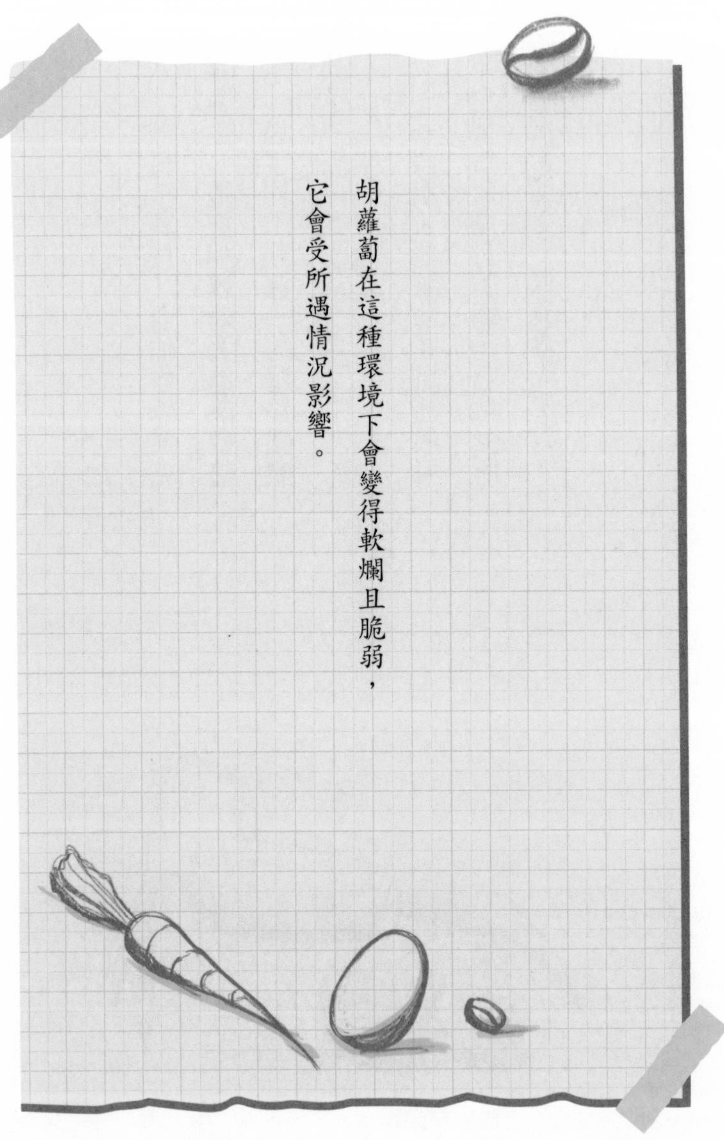

胡蘿蔔在這種環境下會變得軟爛且脆弱，
它會受所遇情況影響。

亞伯說：「蠻像我的。」

傑克森先生說：「沒錯，正是如此。」

接著傑克森先生又走到白板前，畫了一鍋水，裡面畫了顆雞蛋。

「好，現在請告訴我，把雞蛋放進滾燙熱水後會變怎麼樣。」

亞伯說：「噢，這個簡單，連我都知道。雞蛋會變硬。」

「很好，」傑克森先生回道：「碰到熱水會導致雞蛋變硬。雞蛋會受到所遇情況與環境影響而改變。」

「很可惜，不少人遇到狀況時也是一樣，會變得尖酸刻薄、易怒且負面，有時甚至會因為環境艱難而變得麻木，他們怨天尤人、鐵石心腸，不想再愛人或被愛。我不希望你變成這樣，所以才教你這一課。」

「我懂，」亞伯漸漸理解為何傑克森先生會提到胡蘿蔔和雞蛋。

亞伯說：「放進熱水後胡蘿蔔會變軟，而雞蛋會變硬，我懂了。我不想要變成胡蘿蔔或雞蛋。」

傑克森先生說：「是，你不會想的。但這堂課還沒結束，你要親自去實驗和領悟。」

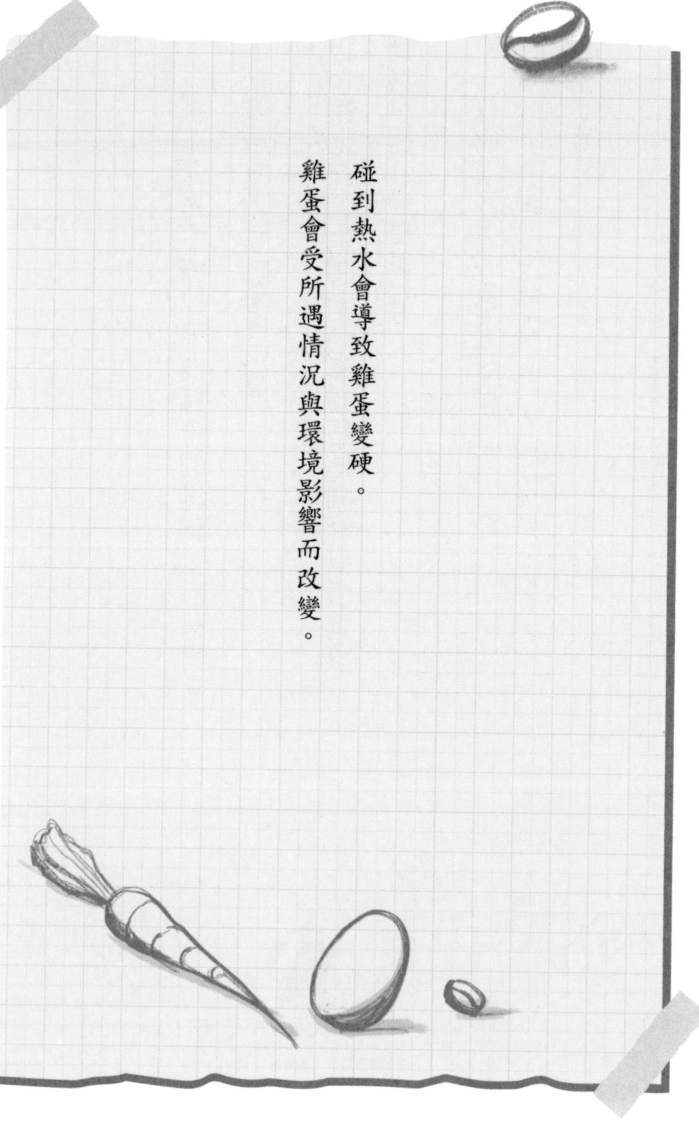

碰到熱水會導致雞蛋變硬。

雞蛋會受所遇情況與環境影響而改變。

傑克森先生擦掉了煮雞蛋的湯鍋，然後畫了把咖啡豆丟進一鍋水的圖。

傑克森先生問：「那要是把咖啡豆丟進滾燙熱水裡，會變怎樣？」

亞伯回答：「我不知道。」

「這就是你接下來要做的實驗，」語畢，傑克森先生從桌上的罐子裡撈出幾顆咖啡豆，放在亞伯的掌心。

「回家後把咖啡豆丟進熱水煮一個鐘頭，明天再告訴我發生什麼事。」

「小心不要燙傷哦！」亞伯步出辦公室時，傑克森先生嚷嚷著。

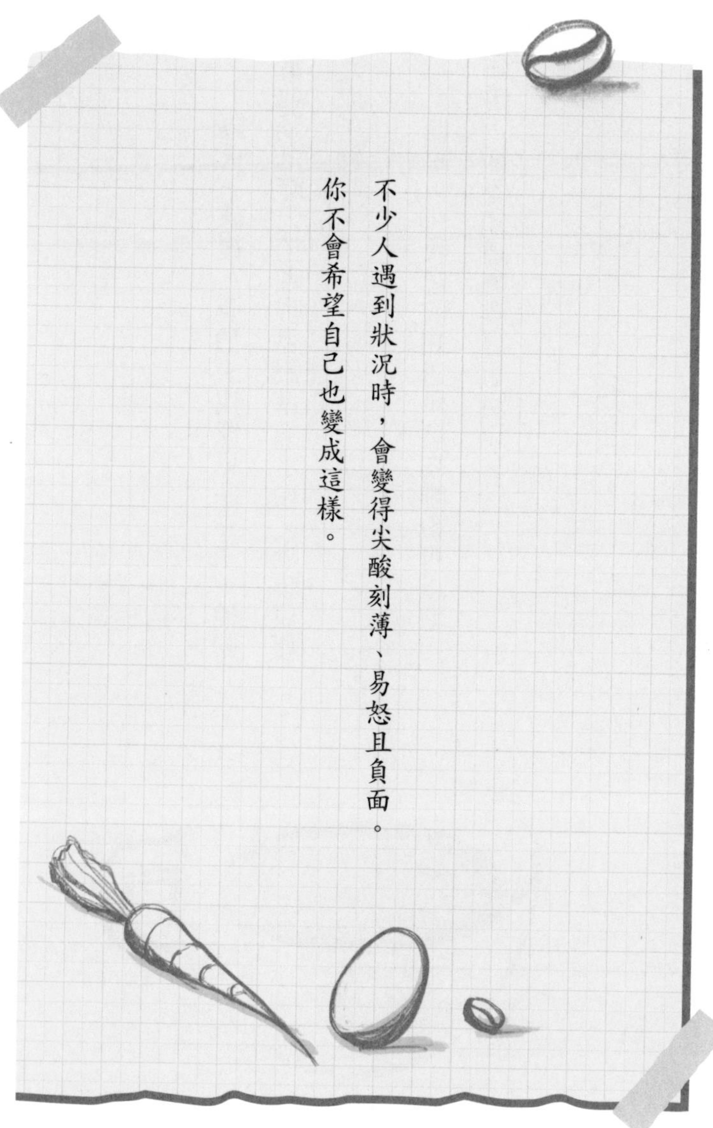

不少人遇到狀況時，會變得尖酸刻薄、易怒且負面。

你不會希望自己也變成這樣。

隔天下課後，亞伯去找傑克森先生，他興奮地分享昨天把咖啡豆丟進熱水後，咖啡豆便煮成了咖啡。

他說：「我之前知道研磨咖啡粉可以泡出咖啡，卻不知道咖啡豆也可以。」

「沒錯，咖啡豆也可以煮出咖啡，」傑克森先生說：「只是需要花上較長的時間。」

亞伯說：「很像變魔術。」

傑克森先生答道：「確實，但我比較喜歡用轉變這個說法。」

接下來他走到白板前，畫了一張圖。圖畫中有三個並列的鍋子，裡面分別放了胡蘿蔔、雞蛋、咖啡豆。

傑克森先生指向白板，說：「這是你這輩子學到最簡單卻強而有力的一門課。」

「人生常常就像一鍋滾燙熱水，可能艱辛殘酷、充滿壓力，你會遭遇到測試你真實能耐的各種環境和狀況，要是你輕易屈服，就會因此轉變，變得軟弱無力或鐵石心腸。」

亞伯說：「就像我現在遇到的狀況。」

傑克森先生回道：「正是如此。」

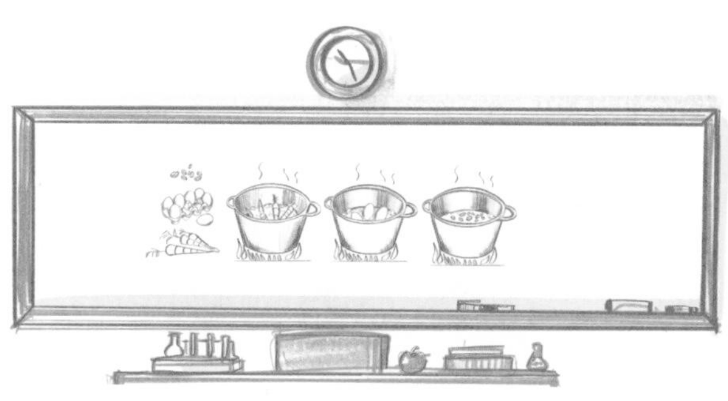

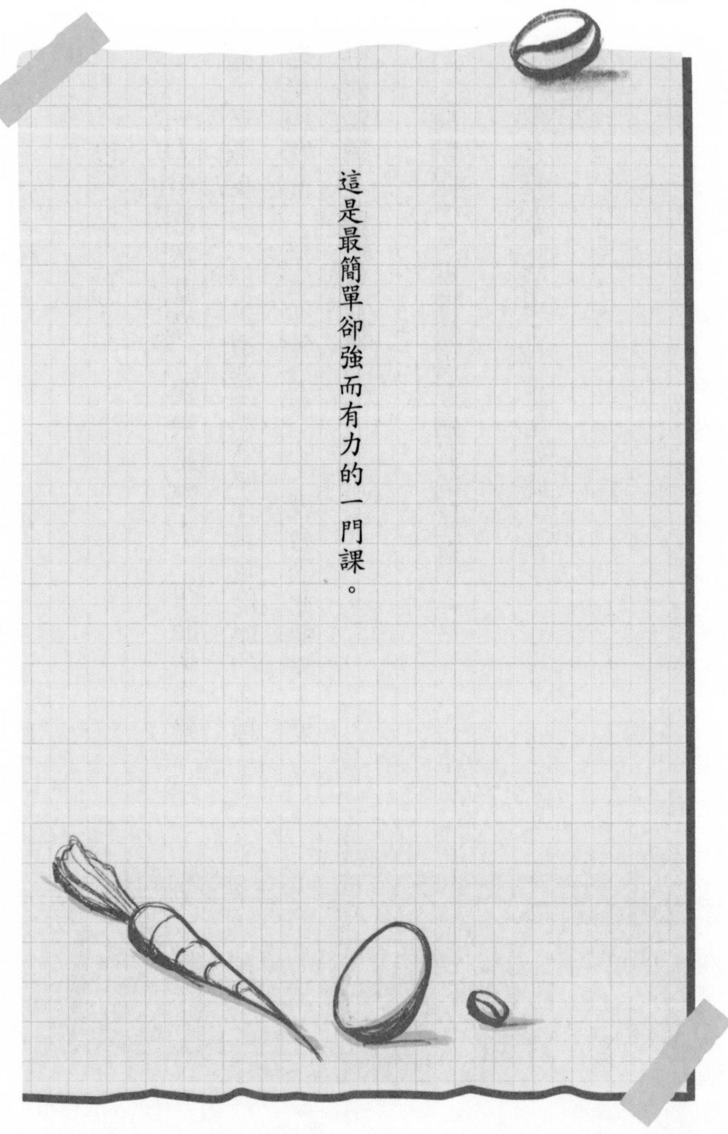
這是最簡單卻強而有力的一門課。

「現在你正感受到來自學校、課業和考試的壓力，加上你也接收到大家期望你美式足球能打得更好的渴望。父母親的婚姻也快要一觸即發，社群網站上的酸民和世界散布的負面能量正在節節攀升，而這些都像是一大鍋沸騰的熱水。」

「但你有選擇權。」

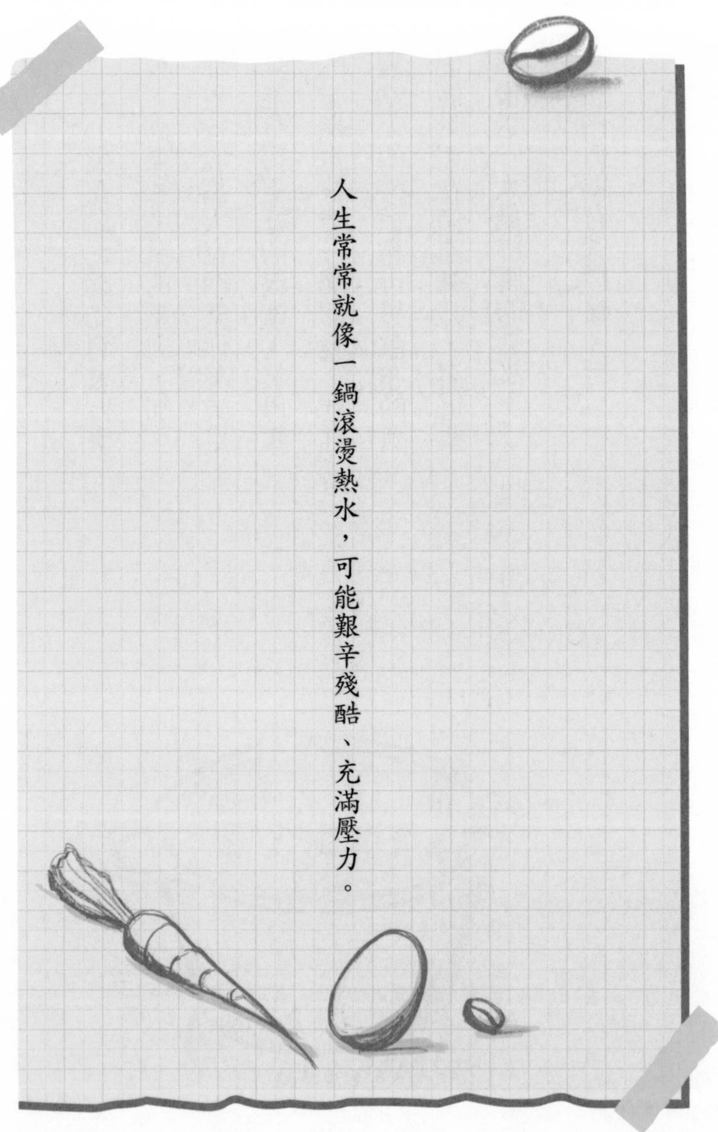
人生常常就像一鍋滾燙熱水，可能艱辛殘酷、充滿壓力。

「你可以選擇變成胡蘿蔔，在高壓環境下變得軟弱且不堪一擊。」

「你也可以選擇變成雞蛋，在面臨壓力時變得尖酸刻薄。」

「或者你可以選擇變成咖啡豆，主動逆轉環境。」

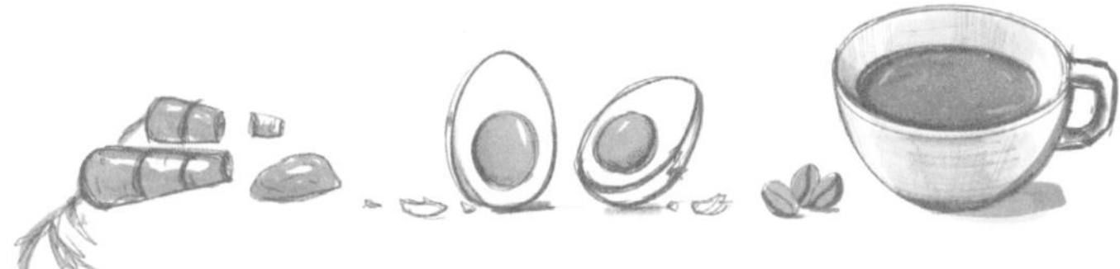

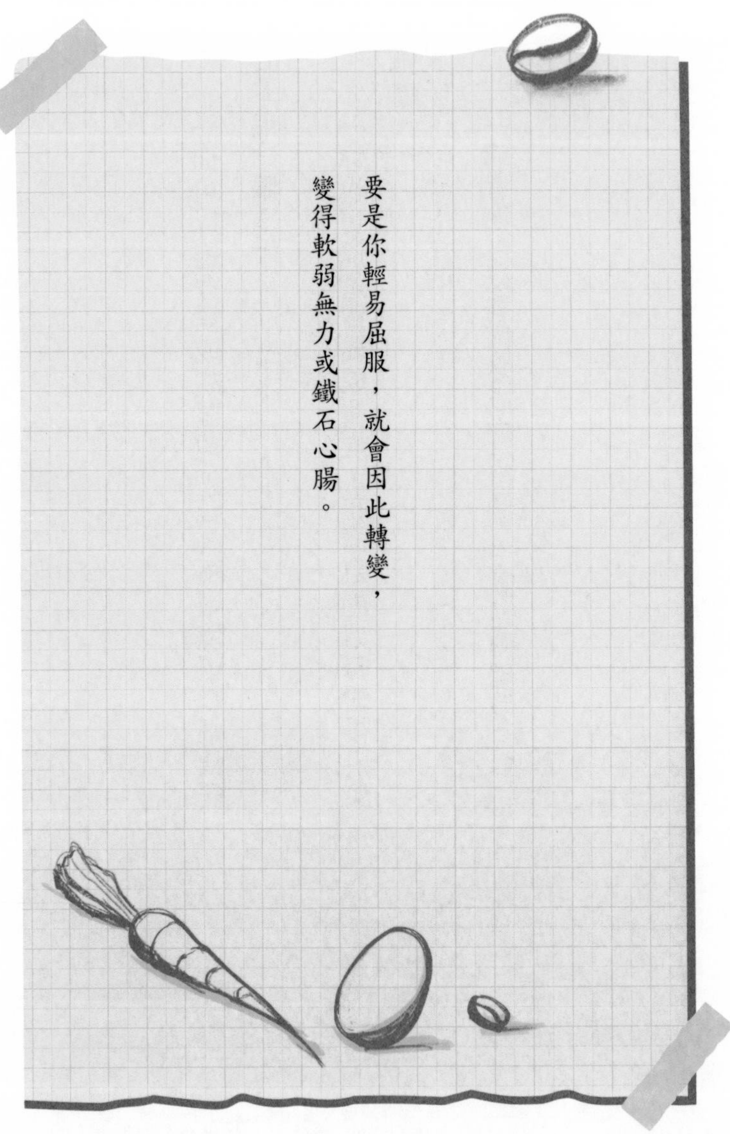

要是你輕易屈服，就會因此轉變，
變得軟弱無力或鐵石心腸。

「當我看著你時，我看不到胡蘿蔔，也看不到雞蛋。我看到的是一顆咖啡豆，一顆可以戰勝挑戰、改變世界的咖啡豆。」

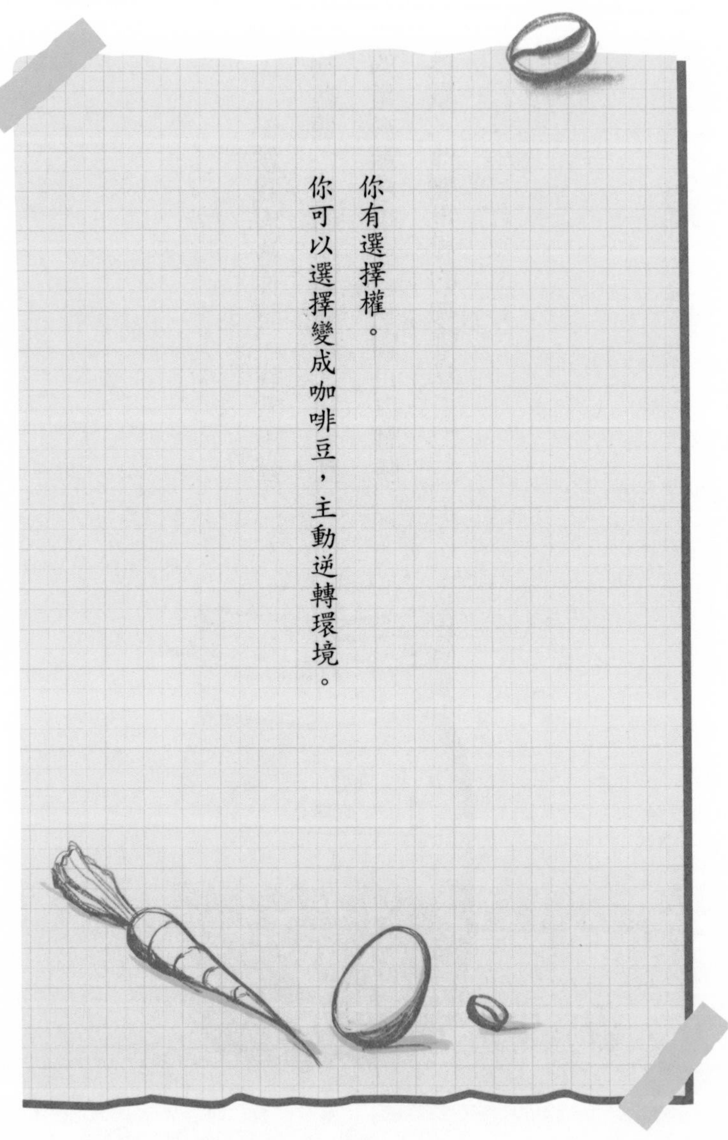

你有選擇權。

你可以選擇變成咖啡豆，主動逆轉環境。

「我希望你這一生都記住這堂課。無論你人在何方，無論你做什麼，都要記住你是一顆咖啡豆，你有能力改變所處環境。無論情況多麼艱難棘手，或多麼令人絕望，都不要輕言放棄。要明白我們不是從外在創造自我，而是從內在創造與改變外在。」

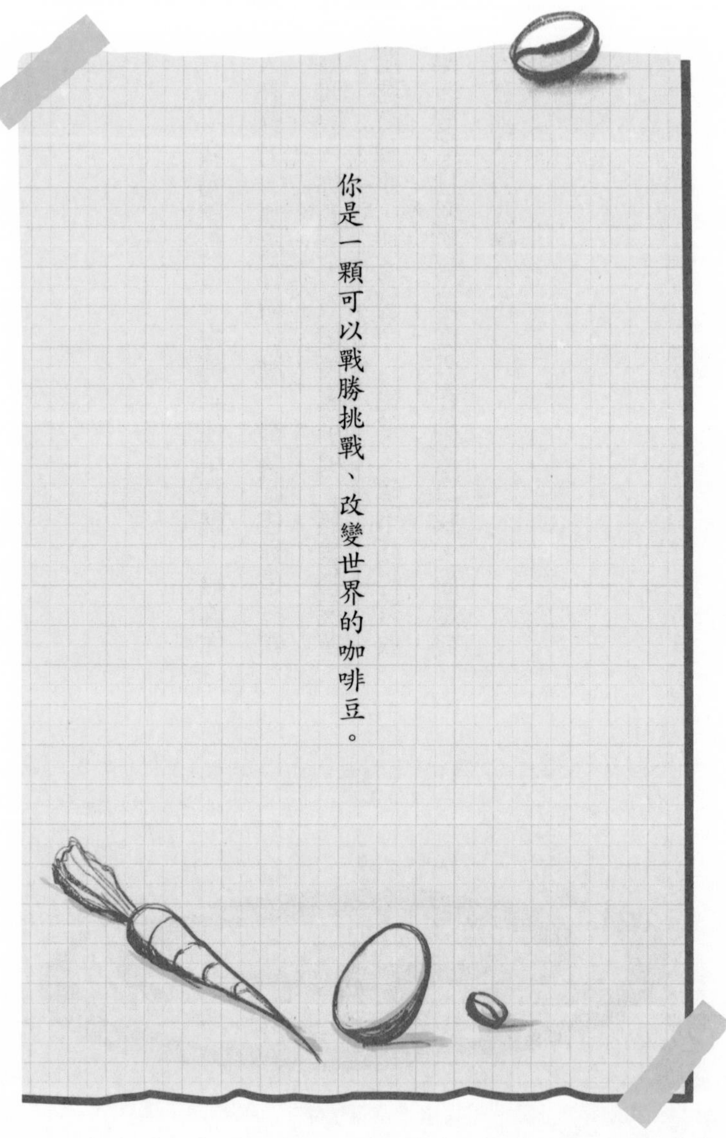
你是一顆可以戰勝挑戰、改變世界的咖啡豆。

「如果你覺得自己是胡蘿蔔，就會相信外在力量比自我的內在強大，這時你就會變得不堪一擊。」

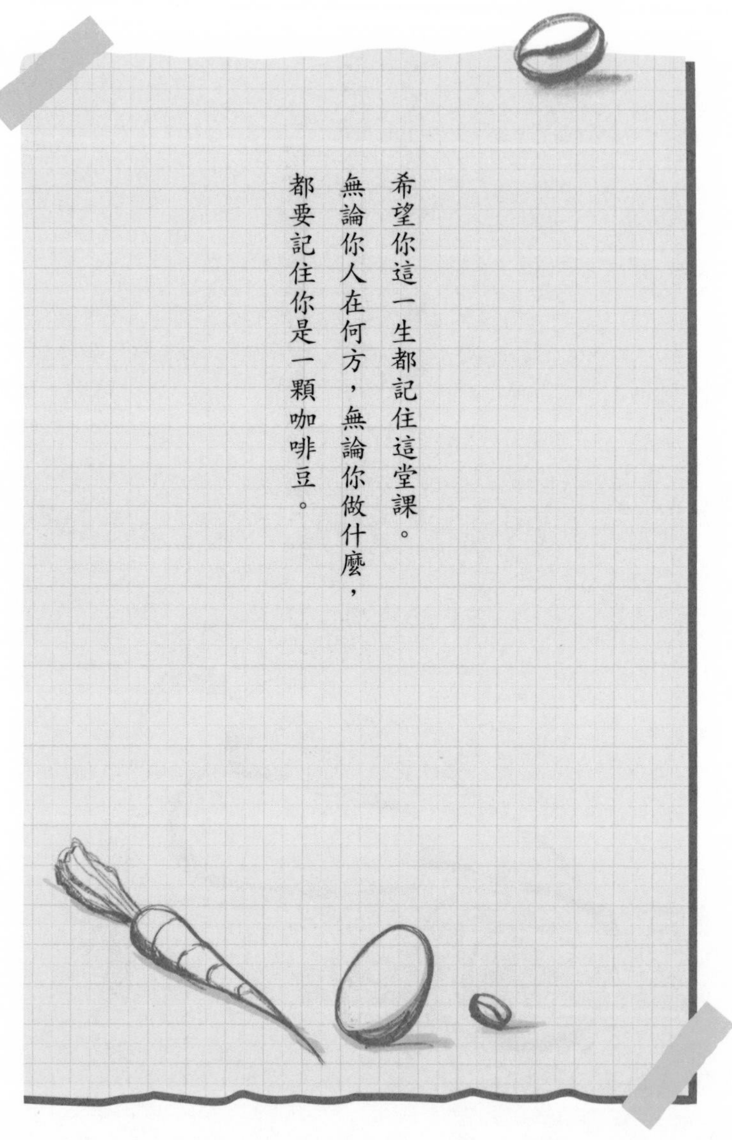

希望你這一生都記住這堂課。
無論你人在何方，無論你做什麼，
都要記住你是一顆咖啡豆。

「如果你認為自己是顆雞蛋，就會相信世界的負能量會讓你變得鐵石心腸，讓你變得跟世界一樣負面。」

「但要是你知道自己是顆咖啡豆，就不會任由外在世界擺布。你會知道你內在的力量比外在強大，只要你有這個自覺，就能從內而外改變環境和世界。」

「真正的力量來自內在。所以要當就當一顆咖啡豆吧。」

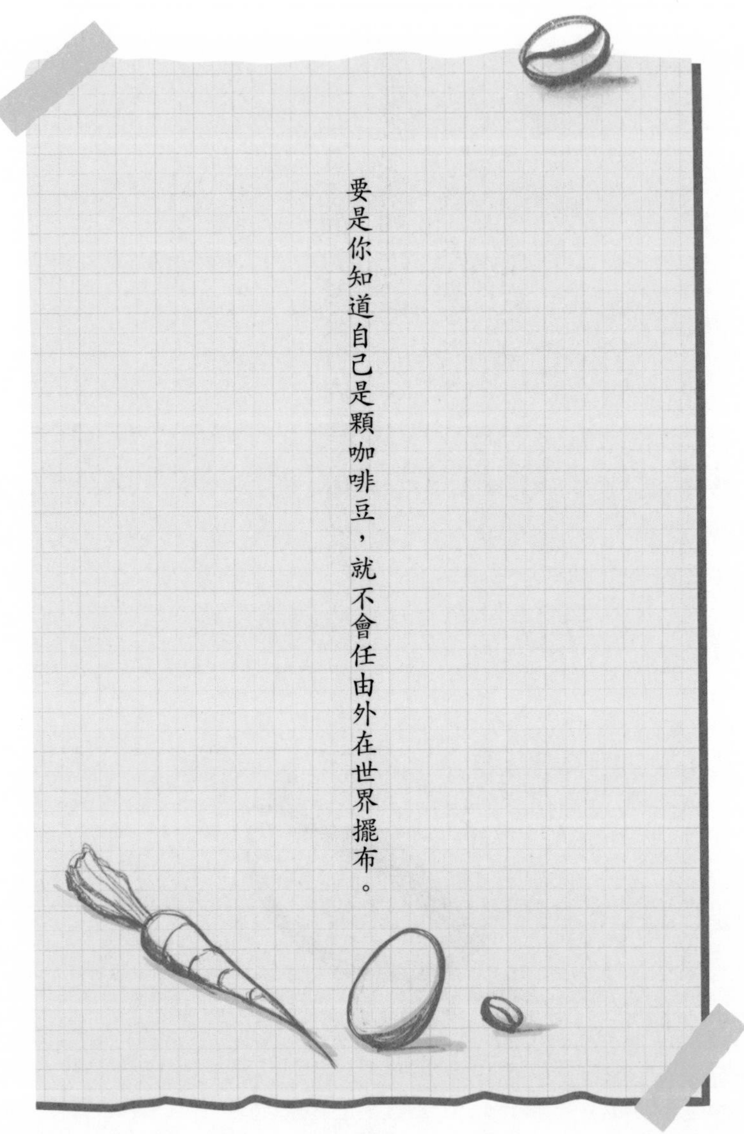
要是你知道自己是顆咖啡豆，就不會任由外在世界擺布。

接著傑克森先生將手伸進口袋，掏出一顆咖啡豆，並遞給亞伯。

「放在口袋裡，隨時提醒你自己的能耐和你擁有的力量。我知道你的前程會是一片光明。」

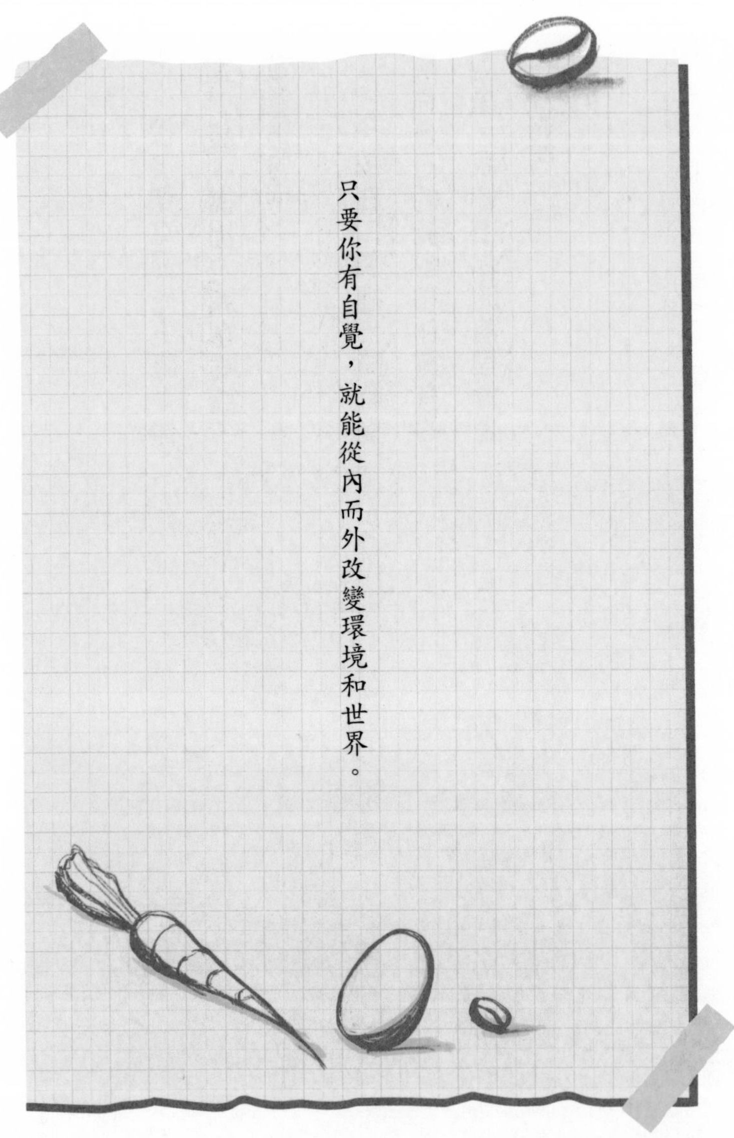
只要你有自覺，就能從內而外改變環境和世界。

亞伯心情振奮地離開教室，當顆咖啡豆讓他很興奮，他已經準備好迎接人生的挑戰，而第一個挑戰就是週五夜晚的美式足球賽。作業、學校、父母的婚姻再也不讓他壓力爆表，他已經改變觀點，並將能量轉用在其他方面，心靈層次也獲得提升。

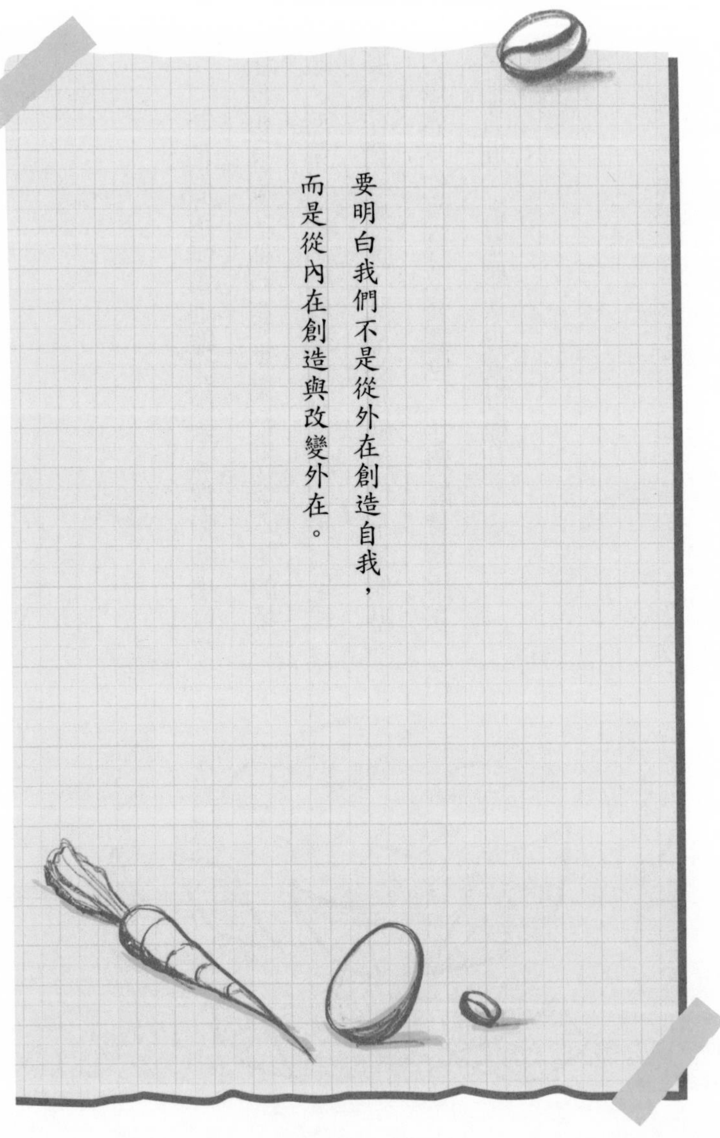

要明白我們不是從外在創造自我，
而是從內在創造與改變外在。

當週在訓練時，教練講到要掌控能力範圍內的事，別管媒體怎麼說，也不要一心只想著比賽的結果。亞伯知道，這意思就是要他們當顆咖啡豆。

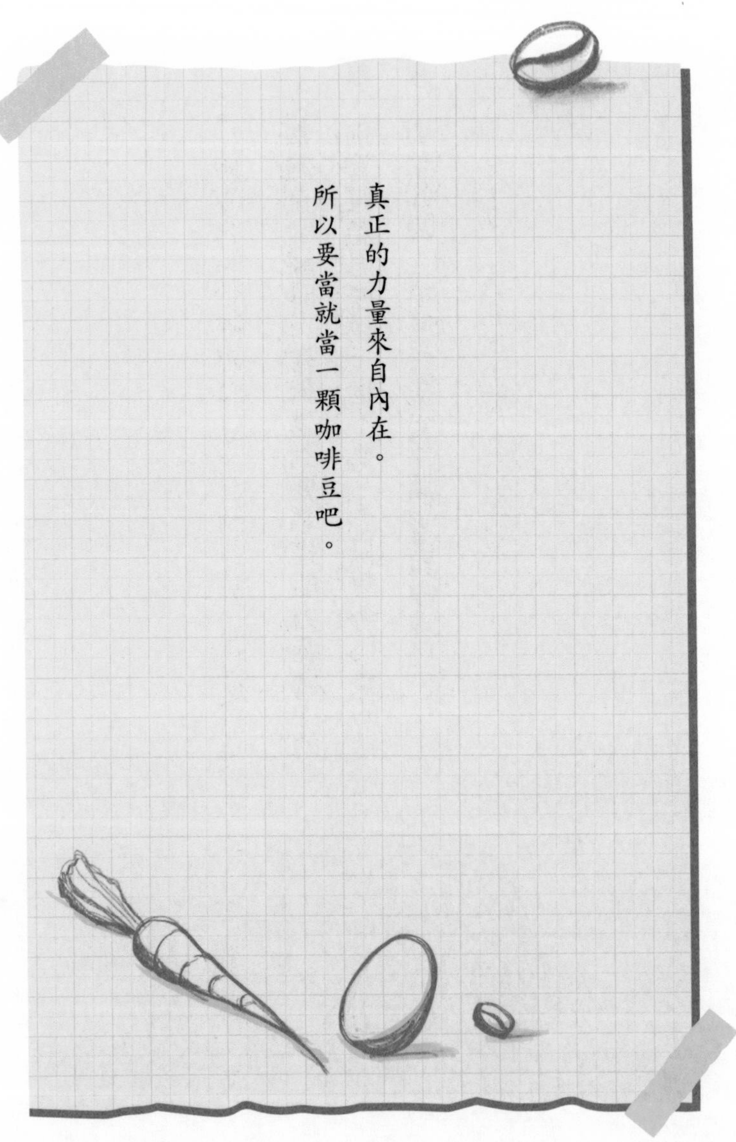
真正的力量來自內在。
所以要當就當一顆咖啡豆吧。

他跟教練和全隊隊友分享了胡蘿蔔、雞蛋和咖啡豆的故事，然後將咖啡豆發給每個人，並告訴他們，無論他們在哪裡踢球、對手是誰都不重要。

觀眾發出的加油聲或噓聲也不重要，看台觀眾並不擁有力量，真正的力量來自自我內在。

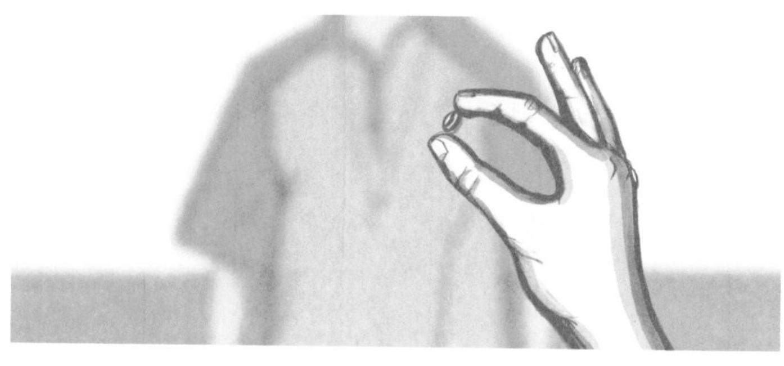

那個週五，他們打了場人生中最精采的一場比賽，後來還贏得了州際比賽的冠軍。

然而亞伯卻在比冠軍賽時受傷。

在比賽第四節最後幾分鐘時，他踢出了關鍵致勝球，然後狼狽地摔倒在地，最後他無法走路，只得一跛一跛下場，留在邊線觀看最後幾分鐘的比賽。

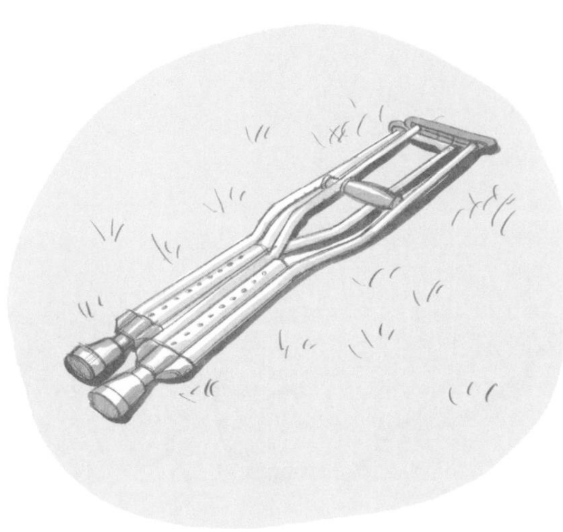

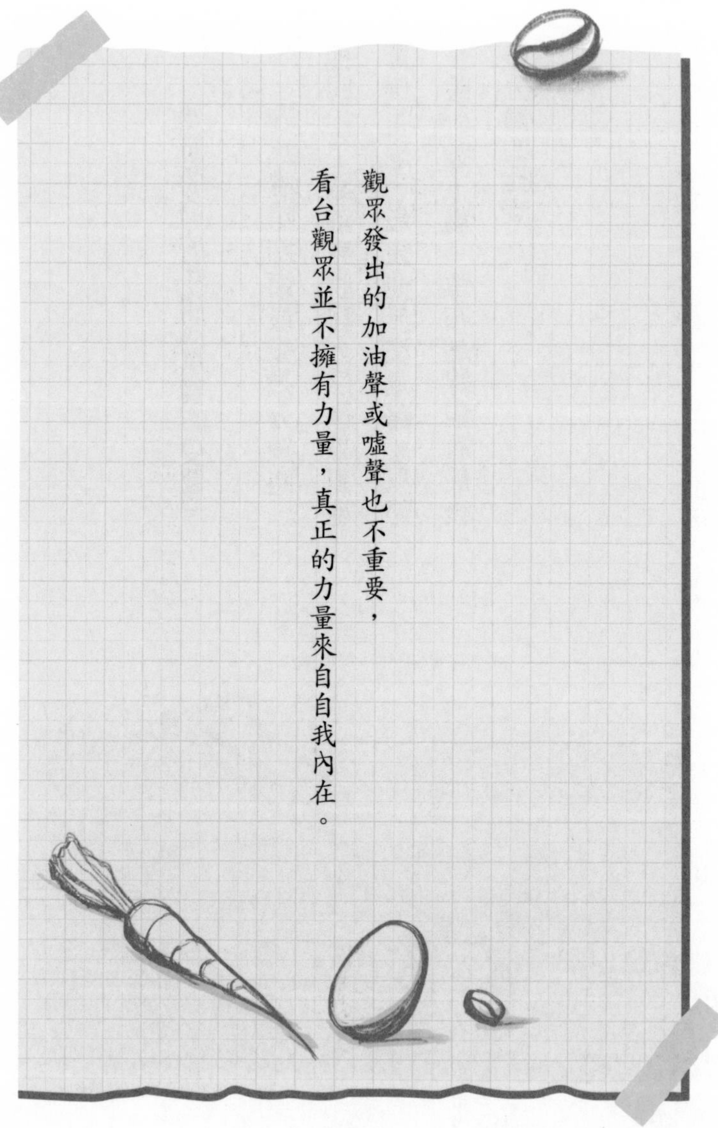

觀眾發出的加油聲或噓聲也不重要，
看台觀眾並不擁有力量，真正的力量來自自我內在。

幾天後，磁核造影顯示亞伯需要動手術，才能修復膝蓋的前十字韌帶，他心想這可能會重挫他未來在大學踢美式足球的前景，卻沒有因此而灰心喪志。換作是過去，諸如此類的挫折很可能會讓他覺得一生都毀了，現在他卻能換個角度思考，把負面想法轉化為正面。

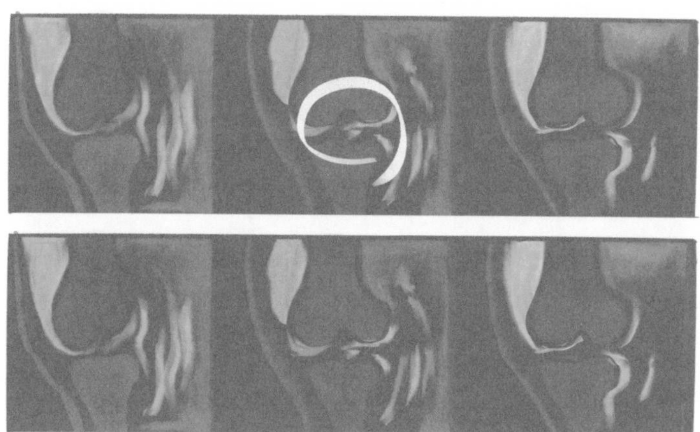

他決定成立一個咖啡豆社團，致力於讓學校、社會和世界都變得更積極正面。

平時除了上課和養膝蓋傷，大多閒暇時間亞伯都在招募學生加入他的行列，還去拜訪當地小學，為小學生朗讀童書。

亞伯和他的社員們也會寫加油打氣的字條給遭遇困境的學生，更會不時行善。

他們還自告奮勇，在社群網站上張貼正面的訊息，每則貼文最後都加上標籤：#不如當顆咖啡豆。

厲害
—咖啡豆社
你太棒了！
— 咖啡豆社團 —
你辦得
的！
啡豆社團—

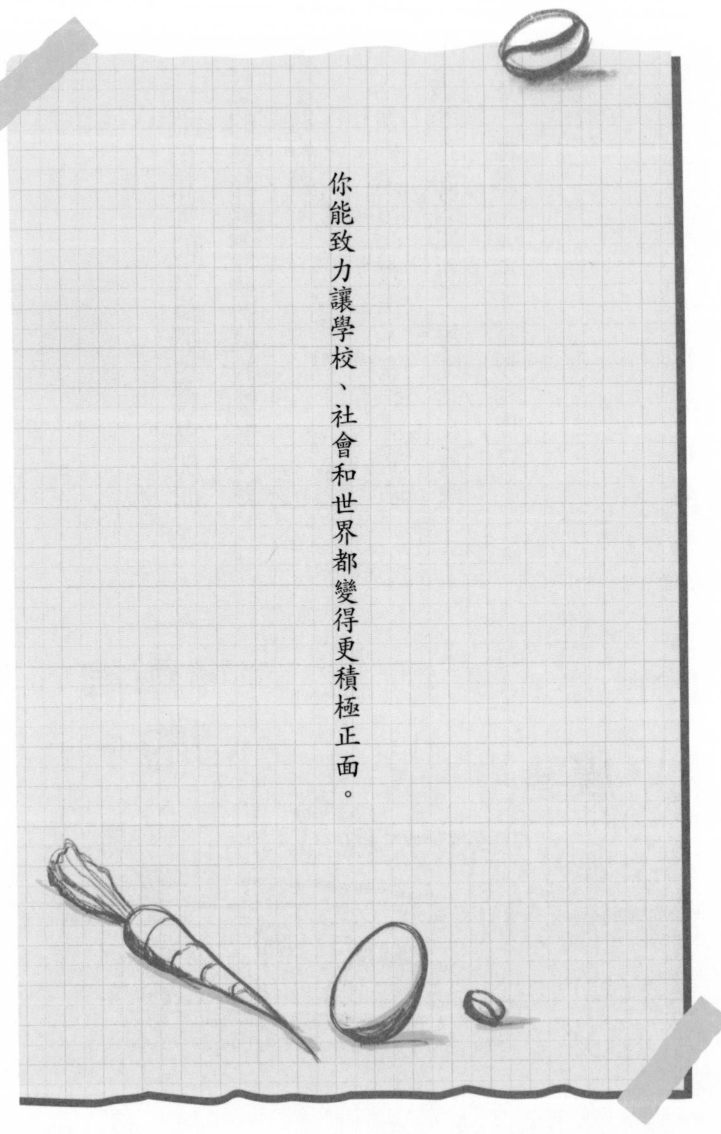
你能致力讓學校、社會和世界都變得更積極正面。

亞伯告訴同學：「我們不需要被社群網站的厭世風氣左右，我們可以積極影響社群網站，一次改變一個人。」

隨著當學年一天天過去，亞伯的膝蓋漸漸好轉，個人的影響力也逐漸增強。學期結束之際，他的社團已經成功轉變了學校風氣。

負能量已經不酷，當顆樂於助人的咖啡豆才酷。

#不如當顆咖啡豆

高中畢業後，亞伯就讀美國聯邦軍事院校，為國服務、並繼續踢美式足球。

多半大學校隊都因為他有舊傷而不找他，但美國聯邦軍事院校卻很欣賞他的心態，相信他在軍校會大有可為。

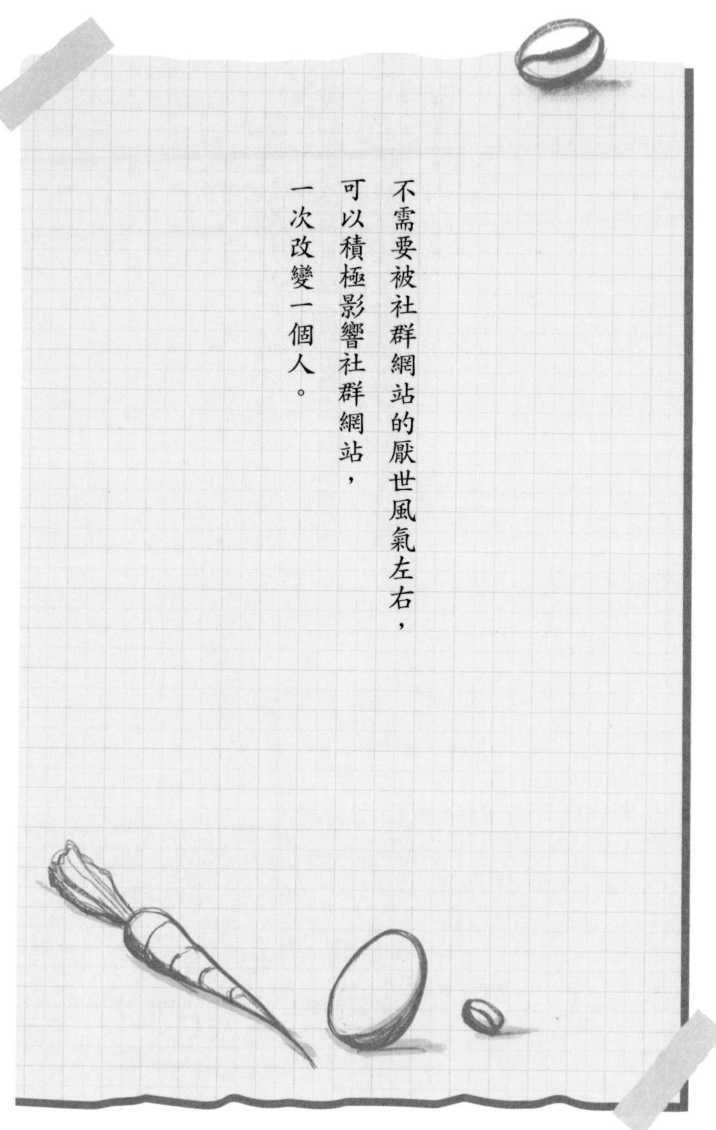

不需要被社群網站的厭世風氣左右，
可以積極影響社群網站，
一次改變一個人。

入學幾個月後亞伯才發現，為何心態對美國聯邦軍事院校來說那麼重要，當時他面臨了這輩子最艱鉅的環境和情況。

軍事院校打造的課程用意是挫折軍校學生。學生無法達成不人道的要求，失敗在所難免。軍校發現，大多數學生遇到失敗後會督促自己進步，反而變得更堅強、更有智慧。

至於不能從失敗中成長的都是輕言放棄的人，而這個過程不是淘汰掉不適任的人，就是讓他們變得更堅強。

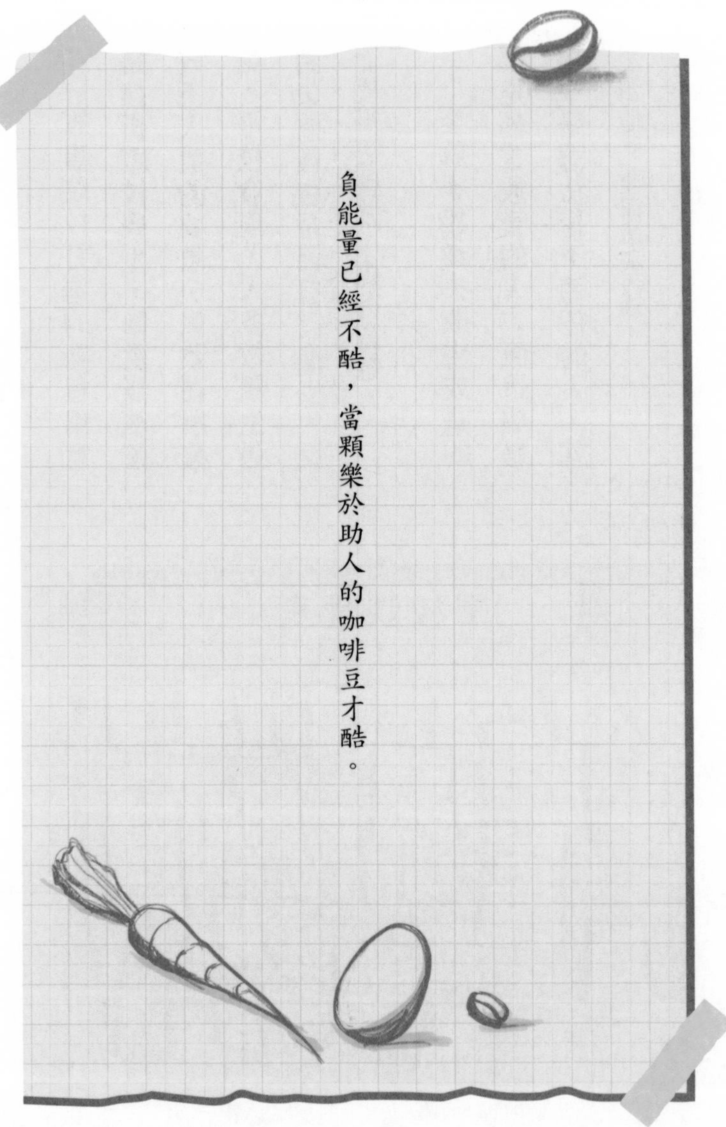
負能量已經不酷，當顆樂於助人的咖啡豆才酷。

亞伯下定決心，絕對不可以成為輕言放棄的人，他的祕密武器就是當顆咖啡豆。

在軍校裡，這鍋熱水比任何地方都來得滾燙，但他卻把這當成一個逆轉環境的大好契機，而不是任由環境吞沒自我，變得不堪一擊或尖酸刻薄。

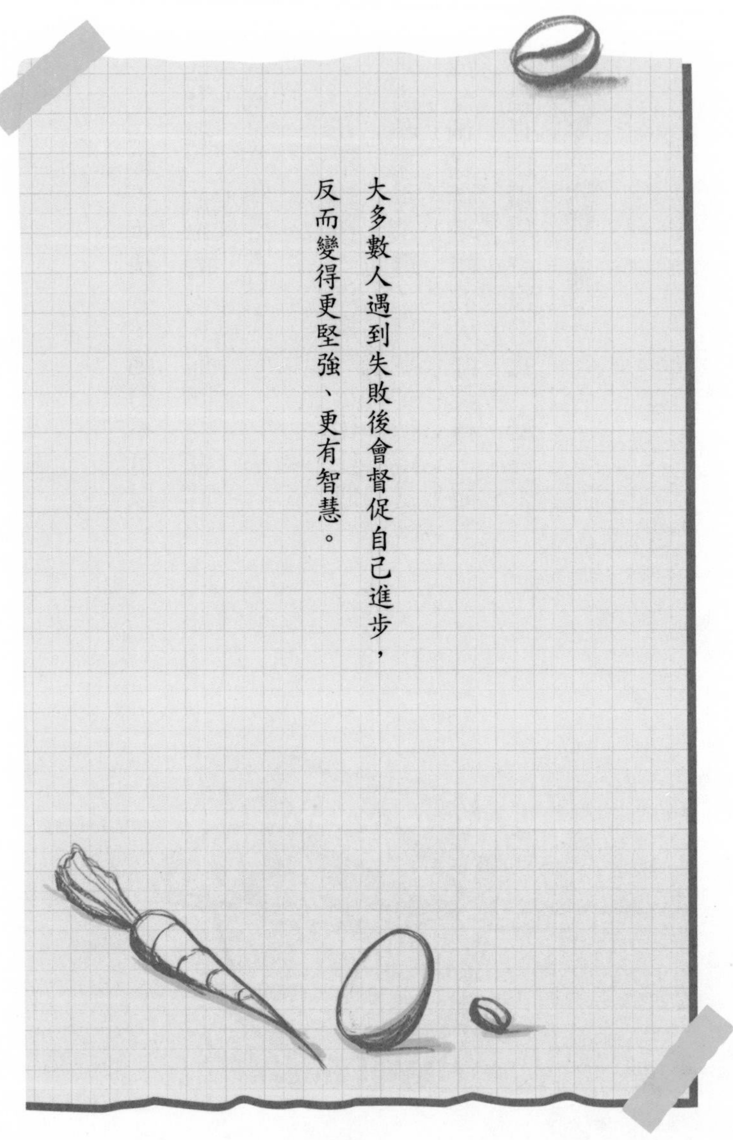

大多數人遇到失敗後會督促自己進步，反而變得更堅強、更有智慧。

他告訴自己，失敗不是一種定義，只是一種情況。

失敗，不表示你是敗類，只是一個等待著你克服與逆轉的情境，要是你願意從中學習成長，就能變得堅強。

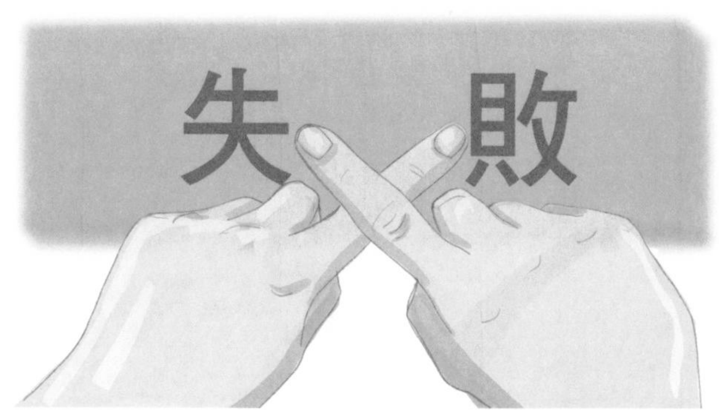

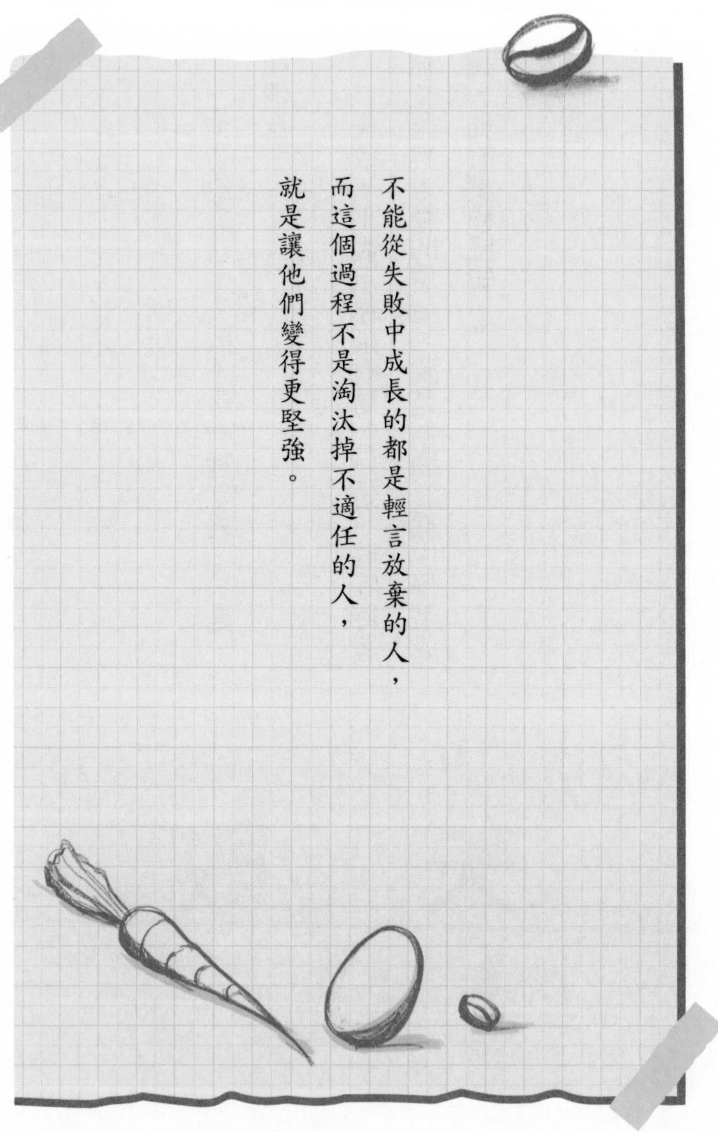

不能從失敗中成長的都是輕言放棄的人，
而這個過程不是淘汰掉不適任的人，
就是讓他們變得更堅強。

亞伯的父母親最後以離婚收場的婚姻也讓他深有同感。

當然，父母離異讓他很難過，但他不會讓這件事定義他的人生，也不會讓這場離婚影響他與父母的關係。他希望他們能改變，卻明白自己無法逼他們改變，他唯一能做的就是愛他們，並協助他們用和平方式解決問題。

失敗不是一種定義，只是一種情況。

亞伯成為領袖級人物，也是軍校裡的美式足球明星球員。他向許多同學和隊友，甚至軍官、教練和老師分享咖啡豆的故事。

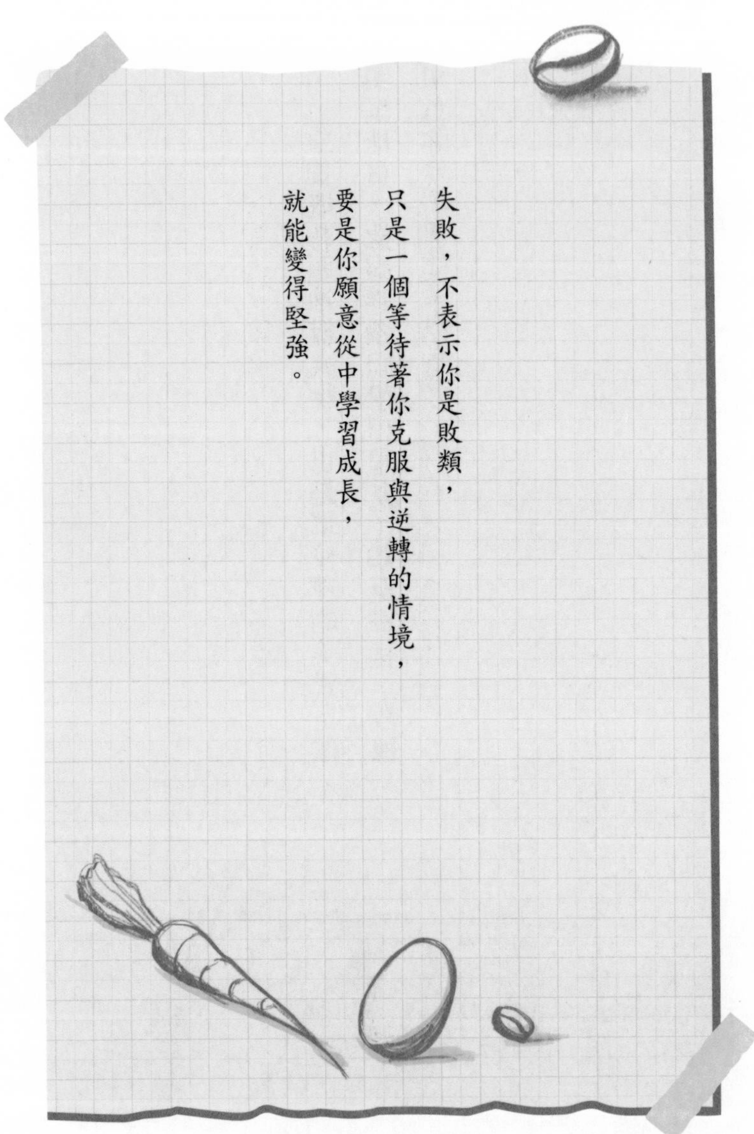

失敗，不表示你是敗類，
只是一個等待著你克服與逆轉的情境，
要是你願意從中學習成長，
就能變得堅強。

他們的美式足球隊成為了全美國進步最多的一支隊伍，幾年後，校方還發現，輟學生變少了，更發現過去學生並不是因為無法應付困境才放棄，而是因為他們把自己當成了胡蘿蔔。

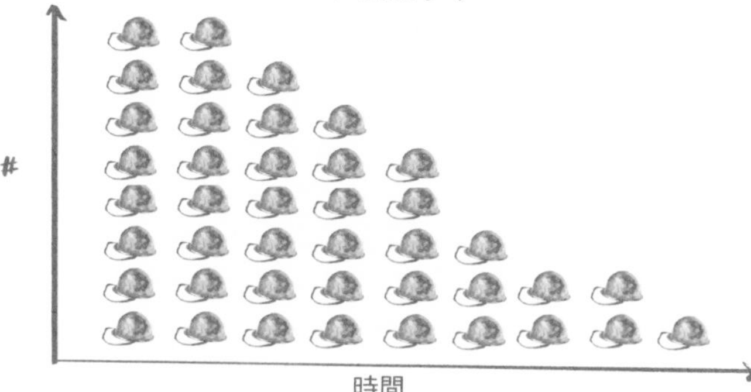

亞伯讓他們大開眼界，他們了解到自己也可以當咖啡豆，於是選擇繼續留下來奮鬥。軍校給每個人的壓力依舊不變，就讀環境一樣嚴峻，真正改變的是現在學生已經瞭解自己辦得到，更開始理解自己並不是環境的受害者；瞭解他們擁有可以克服和逆轉處境的力量。

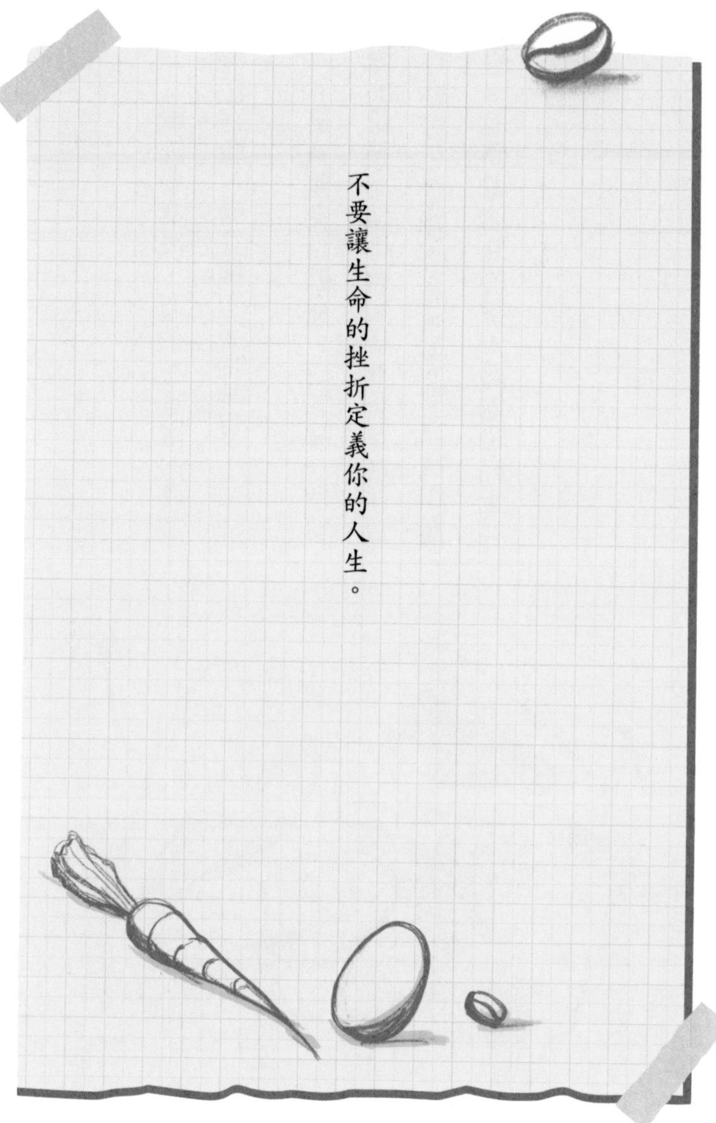
不要讓生命的挫折定義你的人生。

軍校畢業後，亞伯在軍隊服務並擔任官職，隨身攜帶著咖啡豆。

無論他走到哪裡，成為哪一個軍隊的排長，他都會和士兵分享咖啡豆的故事，並發給他們咖啡豆當作提醒。他們視他為榜樣，而他也向士兵學習。

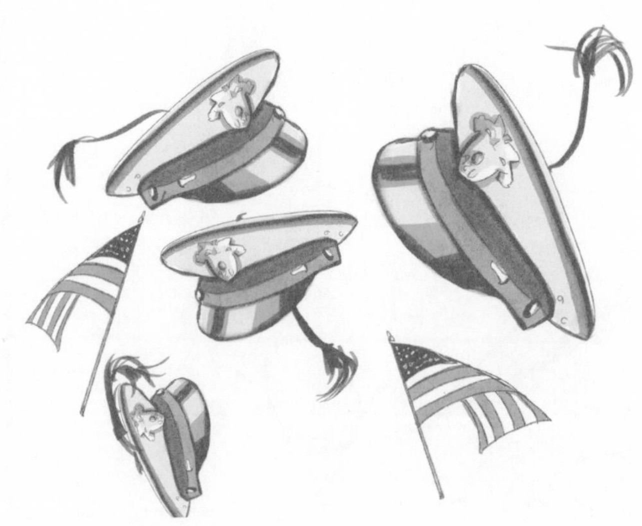

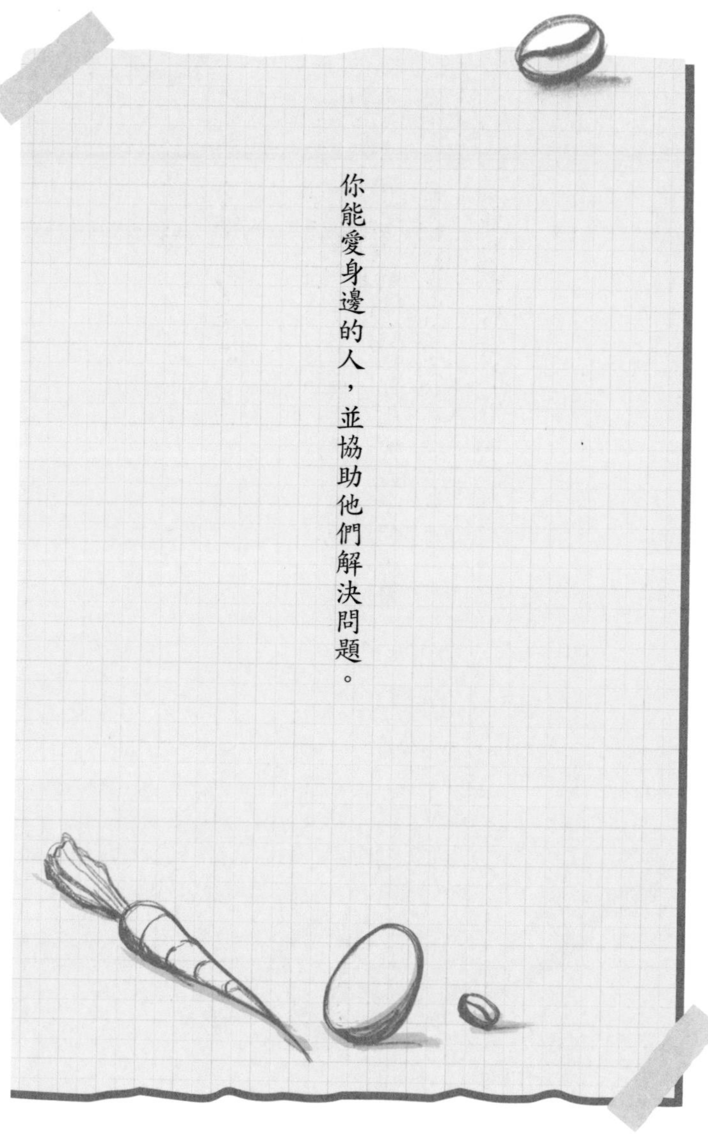

你能愛身邊的人，並協助他們解決問題。

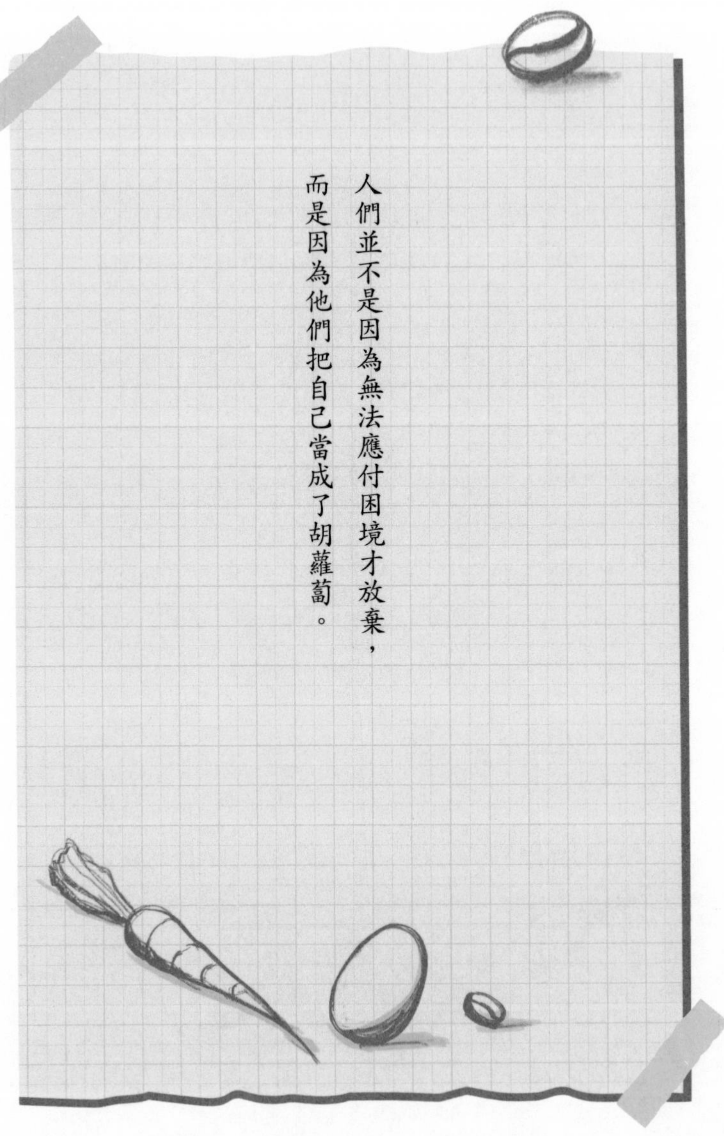

人們並不是因為無法應付困境才放棄，
而是因為他們把自己當成了胡蘿蔔。

在那些最危險的地區遭遇險境時，他看見他帶領的士兵為了祖國和戰友不惜冒著生命風險。他學到愛的力量比恐懼強大，他們的愛及不惜為彼此犧牲自我的心，強烈到無論結果多麼糟糕都毫不懼怕。

他曾聽說愛可以排除恐懼，這下總算親眼見證到了。

亞伯相信，認識對愛與恐懼的相互關係，完全符合咖啡豆的課題。

於是他告訴士兵，恐懼和擔憂可能會讓你變得不堪一擊或鐵石心腸，愛卻能改變你及你周遭的人事物。

有些人明白自己並不是環境的受害者；
且瞭解他們擁有可以克服和逆轉處境的力量。

要是你知道自己是顆咖啡豆，內心滿懷著愛並繼續前進、度過每一天，恐懼就無法擺布你。

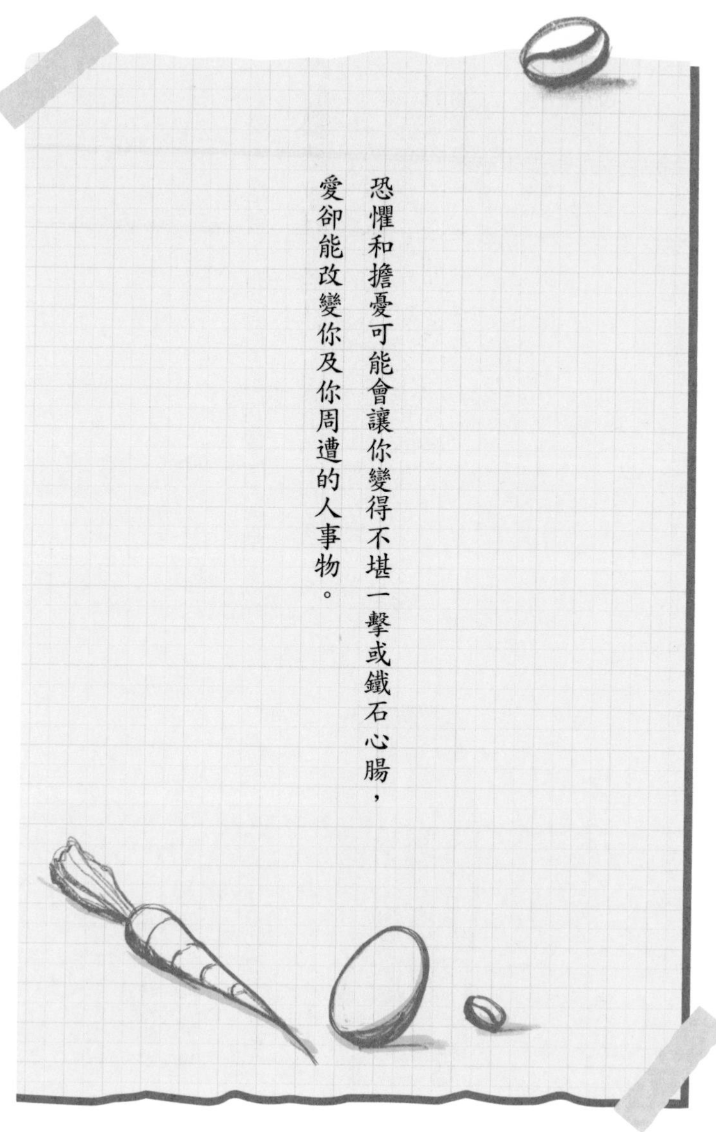

恐懼和擔憂可能會讓你變得不堪一擊或鐵石心腸，
愛卻能改變你及你周遭的人事物。

毫不意外，亞伯率領的隊伍是全軍隊裡最團結一致、表現最出類拔萃的隊伍。

五年後，亞伯結束了軍隊生活，然後回到老家。

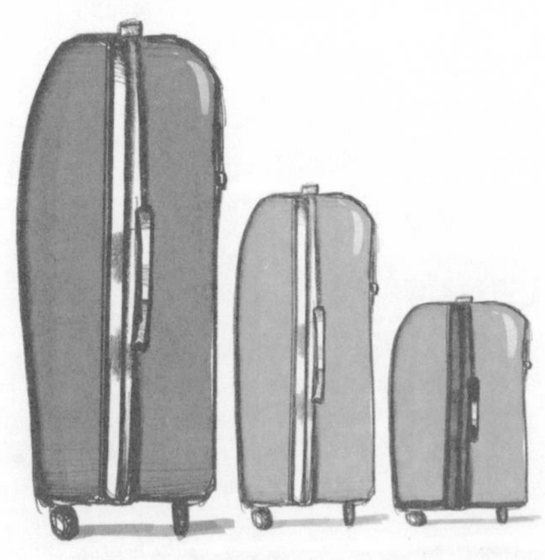

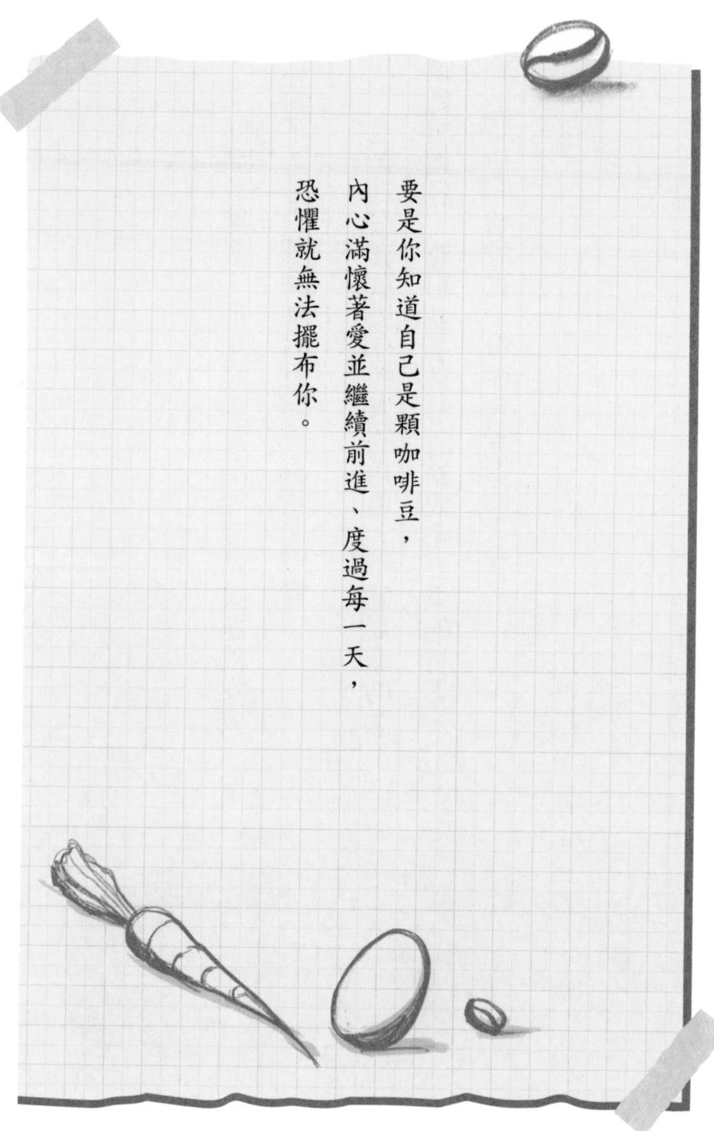

要是你知道自己是顆咖啡豆，
內心滿懷著愛並繼續前進、度過每一天，
恐懼就無法擺布你。

回到故鄉後，他和高中就開始愛情長跑的女友結婚了，並自願到他曾就讀的高中當教練。

他雖然很喜歡擔任教練的角色，不過從商的念頭更加強烈。他和妻子常常討論成家立業的打算，於是亞伯開始尋覓一份能夠養家的工作。

亞伯的太太懷了第一胎不久後，他便找到一份銷售員的工作，幾年下來，兩人共生了三個孩子。

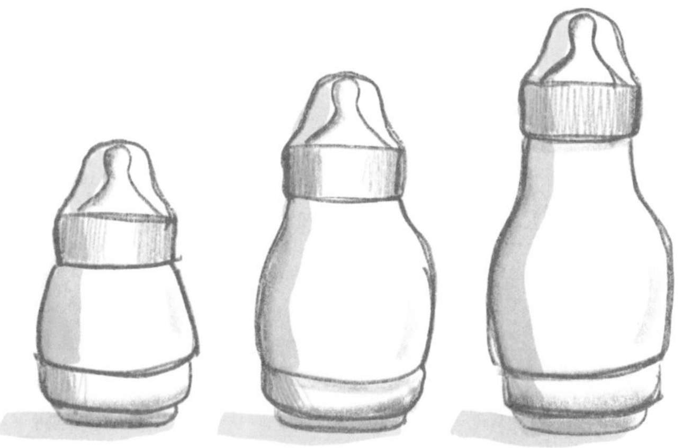

新的家庭成員陸續降臨，亞伯也為了養家拚命工作。

但問題是無論他多麼努力，銷售數字仍然持續下滑，養家忽然成為莫大的壓力來源。更慘的是，他的公司趕不上科技和經濟勢力的變化，發展停滯不前。

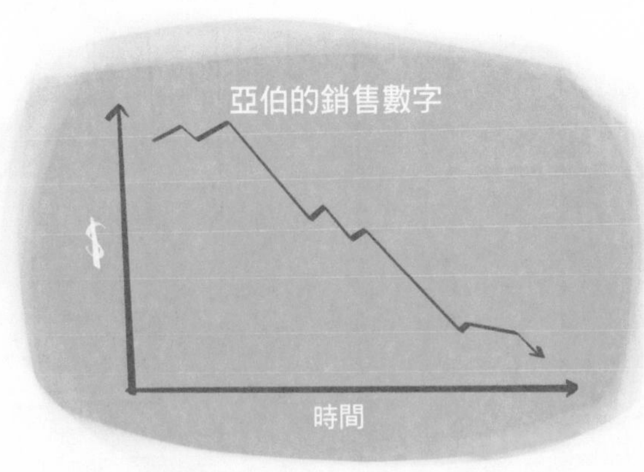

隨著一天天、一週週地過去，亞伯和公司達不到銷售和營收目標，他也不由得越來越害怕他們的處境，擔心起家人的未來。

每當他太太想和他討論這個問題時，亞伯只會回答：「我會想辦法。」然後匆匆結束話題。

妻子越想要成為他的支柱，他就逃得越遠。

當工作和生活不見起色，
人們會不由得越來越害怕他們的處境。

在亞伯眼裡，妻兒已不再是上天餽贈的禮物，而是賺錢養家的責任與義務。

他看著房貸、兩輛汽車、醫藥費、信用卡帳單，看著那些全靠著他吃飯生活的人。

某個寒冷冬季的週六早晨，亞伯獨自坐在廚房裡喝咖啡，思索人生的下一步。他的太太帶孩子出門，留他一人在家冷靜。

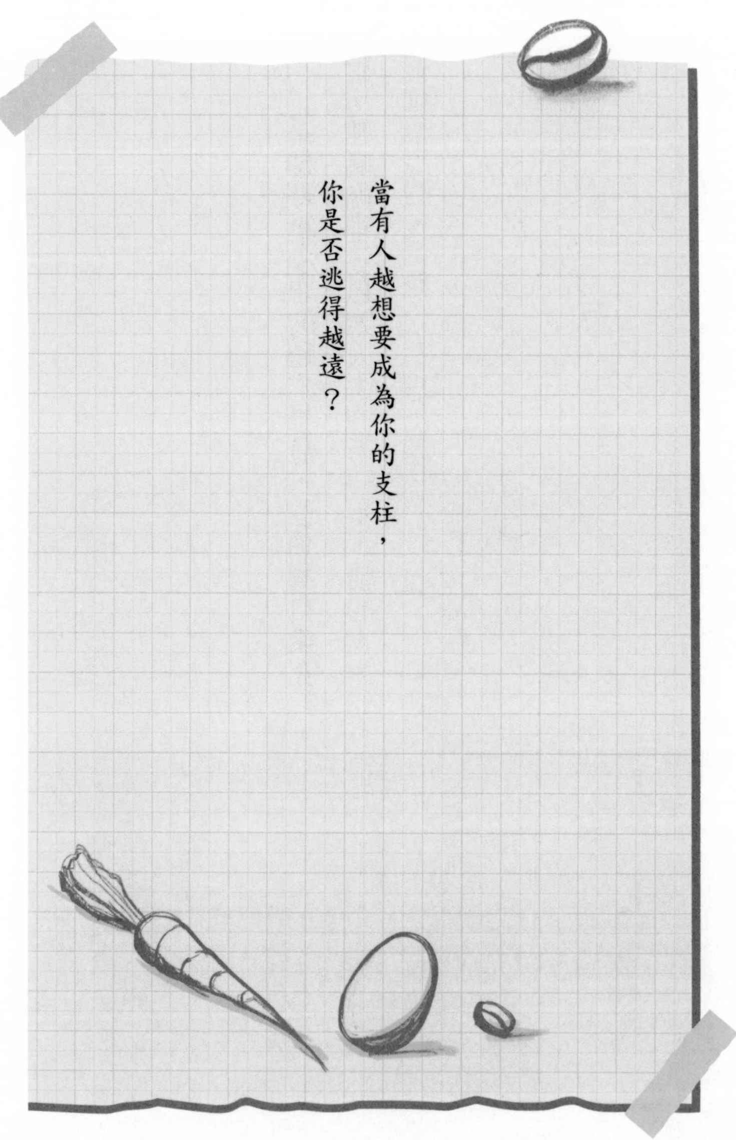
當有人越想要成為你的支柱，
你是否逃得越遠？

找份新工作吧。回軍隊吧，離開後就別再回來。

他腦海裡冒出這幾個念頭。他放下咖啡杯，將臉埋進雙手裡。

等他再次望入咖啡杯時，他感覺到咖啡撲面而來的騰騰熱氣。這一天相當冷冽，咖啡卻讓他全身暖了起來。

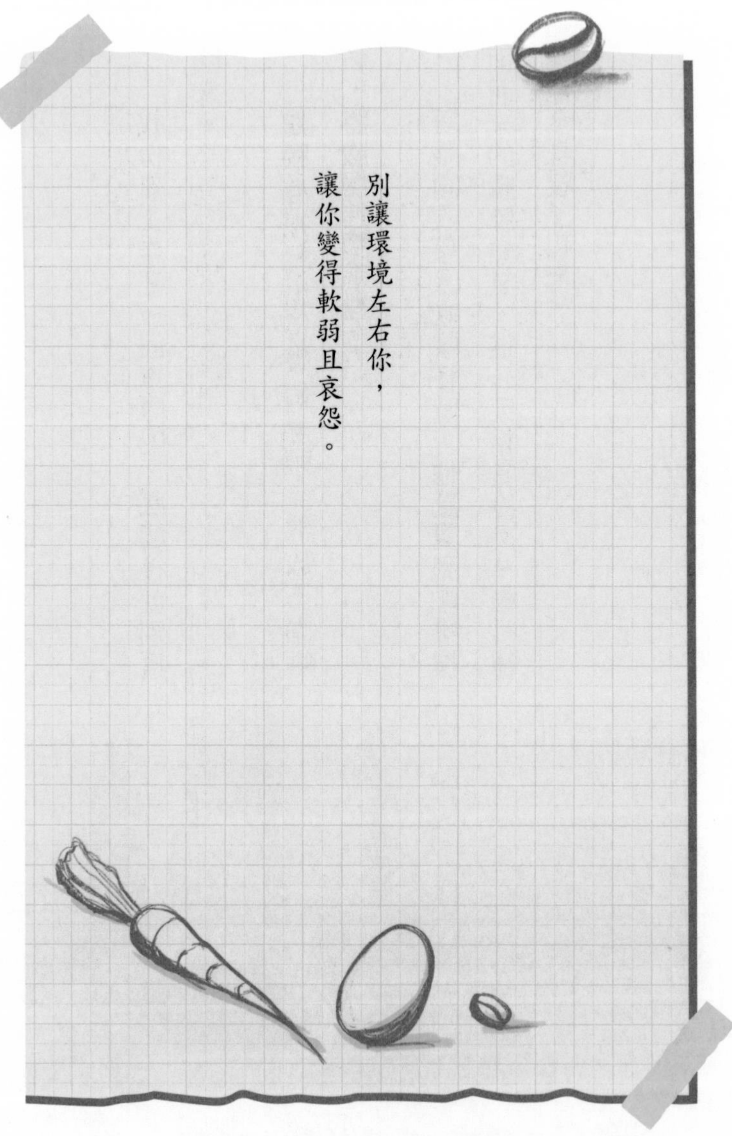
別讓環境左右你，
讓你變得軟弱且哀怨。

他搖搖頭。

人類真的是健忘的動物。

他都忘了好幾年前改變他一生的那堂課，他居然讓環境左右他，讓他變得軟弱且哀怨。他發現只要遇到困境，陷入這種心態何其容易，地基搖晃不穩，恐懼會占據心頭。

他去商店買了咖啡豆，並把咖啡豆裝進辦公桌上的罐子，其中一顆放在口袋，並發誓今後絕對不再忘記咖啡豆的啟示，也不讓面臨的境遇定義他和家人的將來。

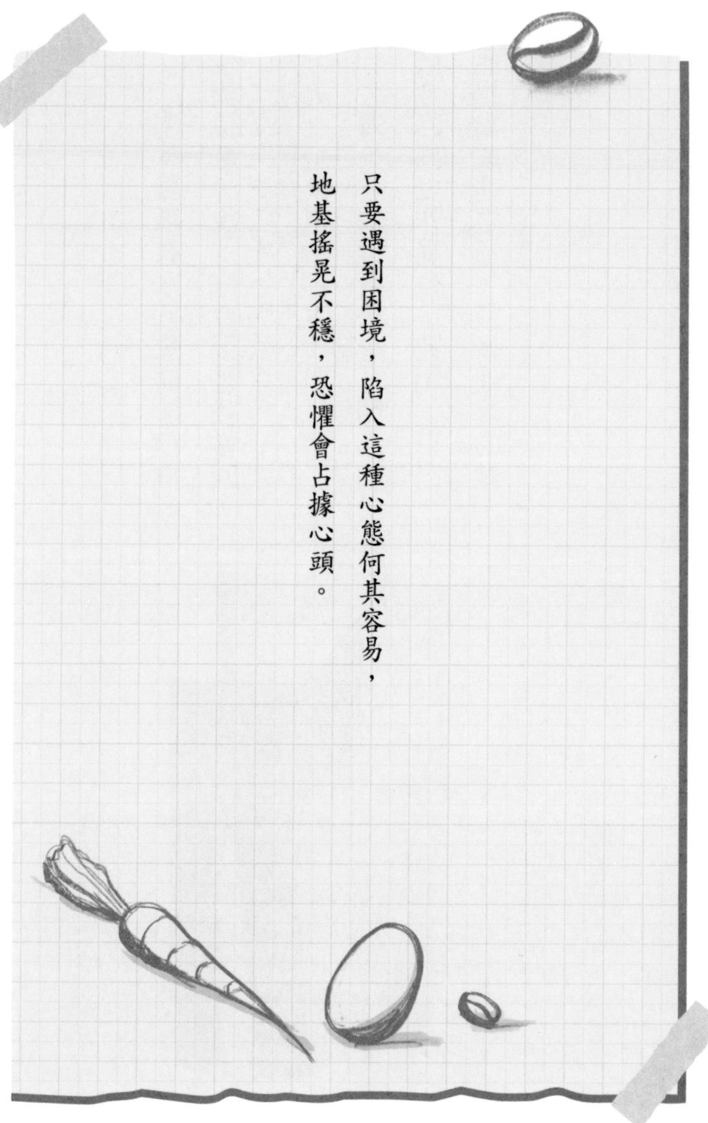

只要遇到困境，陷入這種心態何其容易，地基搖晃不穩，恐懼會占據心頭。

太太帶著孩子回家時，他向他們道歉，說：「今天是我當回咖啡豆的第一天。」

週一，他帶著決心、鬥志和信念回到工作崗位，他相信自己能找出成功之道，最後他真的做到了。

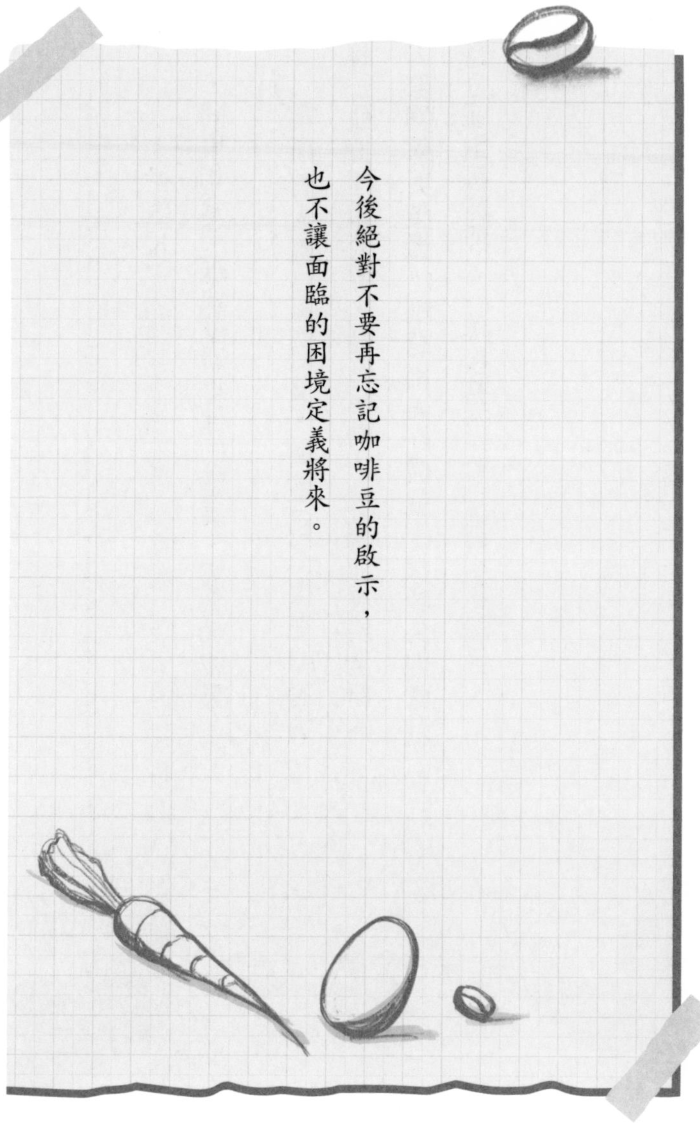

今後絕對不要再忘記咖啡豆的啟示，
也不讓面臨的困境定義將來。

同事和上司很快就看見他的態度、活力和成果。

當所有人都自怨自艾、緬懷已不復在的過去時，亞伯埋頭苦幹，勤勉不懈，培養並發展全新的人際關係與契機，創造出美好成就。沒多久他就升為分區銷售經理，一年後甚至成為區域銷售經理。

當大多數的銷售員和區域經理都在抱怨自己遭遇到的情況和經濟現狀，亞伯卻向團隊傳授他的咖啡豆哲學。

他們攜手將重點放在能夠控制的事情上，樂觀積極，努力不懈，每一季都是全公司表現最傑出的區域。

公司高層也注意到亞伯和他的團隊表現不同凡響。

公司整體的銷售數字下滑、利潤縮減，公司高層知道他們勢必採取行動，拯救公司與他們的未來，於是請亞伯擔任行銷總經理，期望他逆轉頹勢。

亞伯告訴大家，與其恐懼未來，不如擁抱眼前的挑戰。

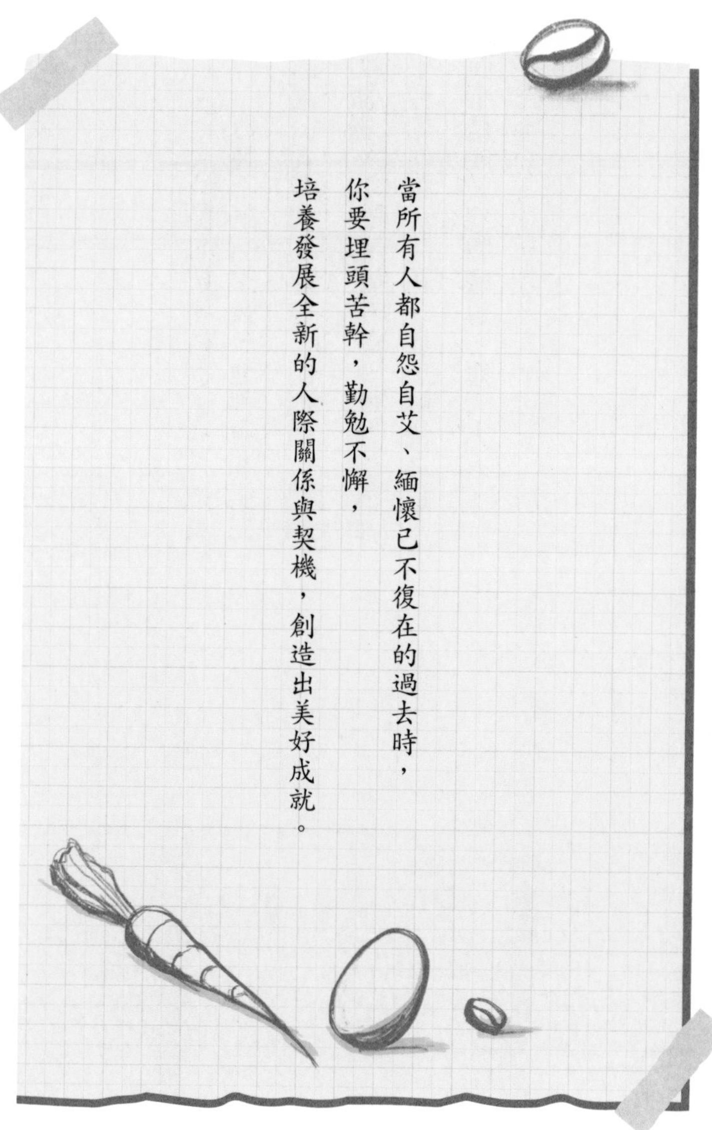

當所有人都自怨自艾、緬懷已不復在的過去時，
你要埋頭苦幹，勤勉不懈，
培養發展全新的人際關係與契機，創造出美好成就。

每晚下班回家後，他都會和妻兒討論公司遭遇的難題，請他們一起腦力激盪，找出解決方法。他希望孩子學習如何解決問題、找出解決之道，而不是成天怨聲載道，怨天尤人。

他和太太決定教育孩子，光是活著是不夠的，還要活得精采。

當然他們常和孩子聊咖啡豆哲學，孩子也經常參與他構思全公司演講稿的過程。

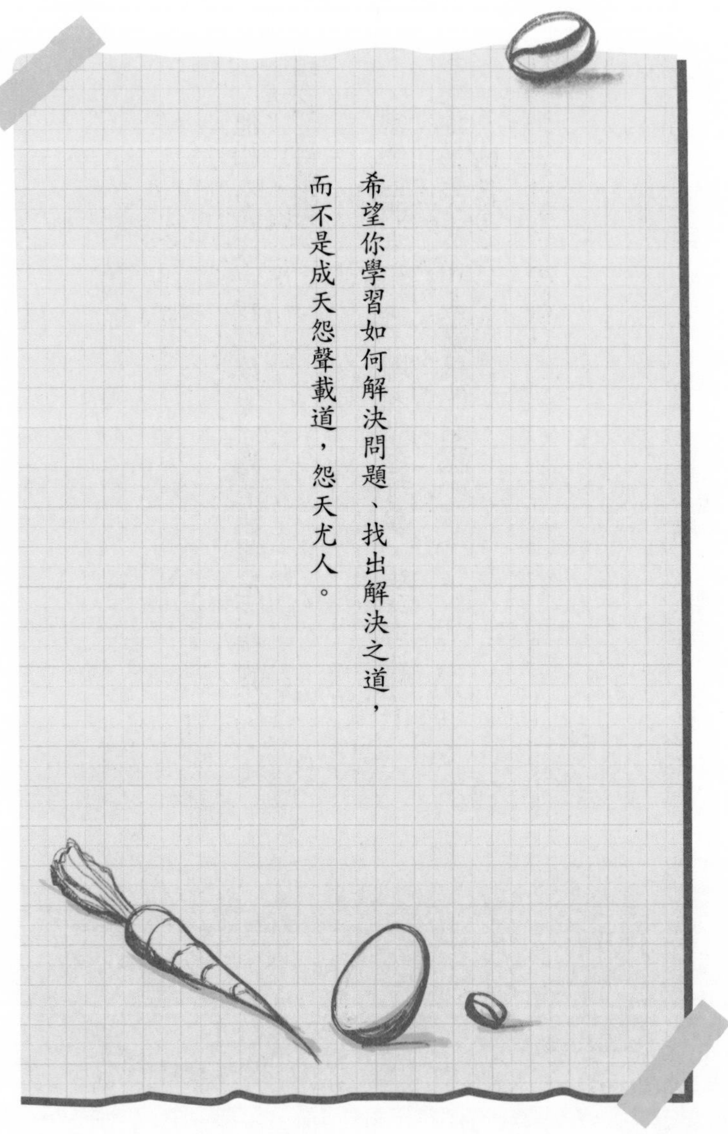
希望你學習如何解決問題、找出解決之道，
而不是成天怨聲載道，怨天尤人。

在全國銷售會議上，亞伯解說成為思想上和辦公室的贏家，並能贏回客戶、贏回市場、贏回未來的計畫。

咖啡豆的課題是他的演講重點，同時他也分享自己的人生經歷，加強故事所傳遞的訊息。

咖啡豆

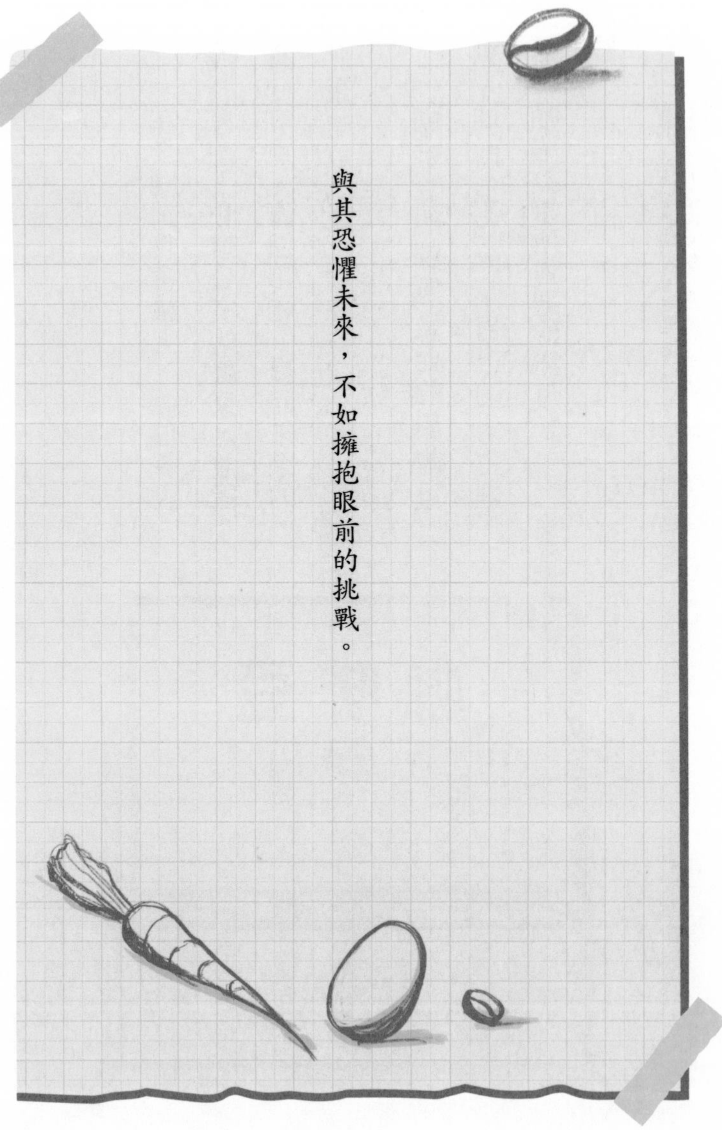
與其恐懼未來，不如擁抱眼前的挑戰。

他們好久沒有這麼振奮了，並且每天都期待去上班、共創未來。

儘管大家抱持樂觀振奮的心態，但羅馬不是一天造成的。

他們還是不免擔心，並且質疑亞伯的計畫是否真的可行，他們的處境依舊堪慮。

光是活著是不夠的，還要活得精采。

但是亞伯並沒有動搖，他知道這只是一個需要扭轉的局勢，於是持續和大家分享他的計畫、信念、咖啡豆的啟示。

接著，好事發生了。

咖啡豆的啟示讓人好久沒這麼振奮了，
並且能每天都期待未來。

經過史上最慘的財務季後，公司開始有了起色。

在亞伯的協助和指導下，公司進行內部調整與革新，並增加嶄新產品和服務，淘汰已經不適用的產品，業務流程變得更流暢，並將全新科技與點子結合優良傳統的勤奮不懈，公司最終成功轉型。

在競爭對手多半遭到淘汰的產業裡，亞伯的公司依舊發展蓬勃。他們親眼見證了咖啡豆的力量。

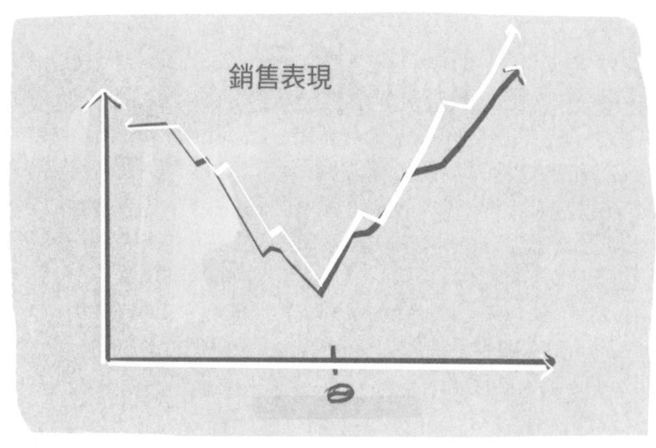

亞伯和公司沒有跟著產業和經濟現況一起衰退，反而提升整體產業、帶動經濟。

世界各地的專家都在研究亞伯公司的轉型與成功，亞伯甚至受邀至眾多會議演講。

你會親眼見證咖啡豆的力量。

能分享咖啡豆的故事讓他振奮不已，幾年後，他決定與全世界分享咖啡豆的啟示。

孩子現在都就讀高中、準備上大學了，於是亞伯離開工作的舒適圈，跟任何有興趣的團體、組織、公司分享咖啡豆的故事。

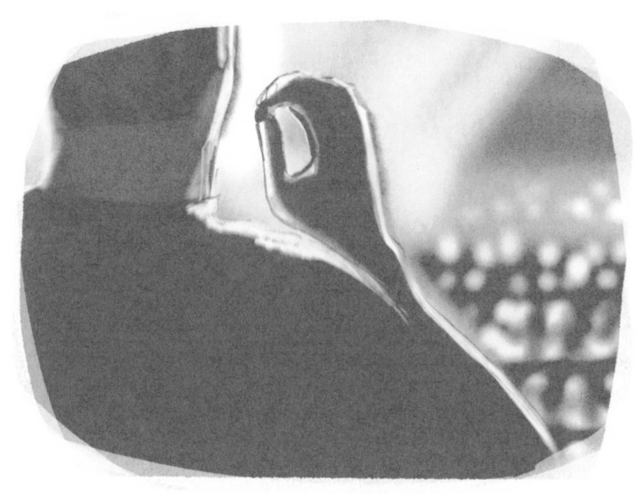

他經常回想起他和傑克森先生的談話，他知道咖啡豆改變了他的一生，他想要盡可能為他人的生命帶來影響，並將此視為個人的責任目標。

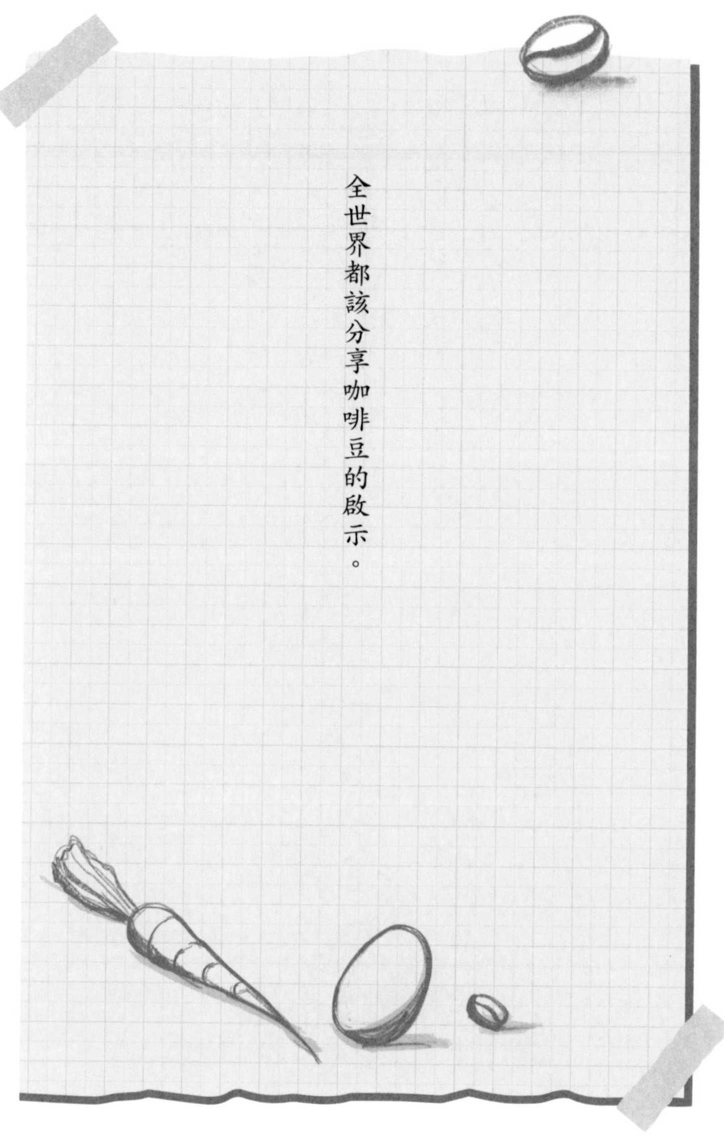

全世界都該分享咖啡豆的啟示。

於是，他實踐了個人目標。

亞伯的餘生都在和他人分享咖啡豆的故事。

他和公司行號、學校、運動團隊、非營利組織、醫院，甚至孩童分享故事。

他從最大型的演講舞台分享至最小的教室，訴說咖啡豆的故事從不會讓他感到倦怠。

你可以盡可能為生命帶來影響。

他不斷地收到觀眾來信，分享他們的人生逆轉的故事，每封信都讓他士氣大增，鼓勵他日復一日、年復一年繼續分享下去。

等到他年紀大了，大家常常會問他準備何時退休。

對此他總是開懷大笑地回應：「只要還有咖啡豆的一天，我就會繼續下去，直到我離開人世那天。」

這並不是工作或職業生涯，而是人生任務，他知道到頭來銀行戶頭裡有多少錢、他得過多少獎章都不是重點，真正重要的是他有能力幫助他人在生命裡改變與成長。

人生任務

你可以實踐你的人生目標。

到了人生尾聲，他不再搭飛機遠行，也不再站在講台上了，然而日漸衰老的身體並沒有阻撓他繼續為其他人帶來轉變。

現在太太過世，孫子也長大了，他有的是時間和智慧，直到晚年都持續分享他的時間與智慧。

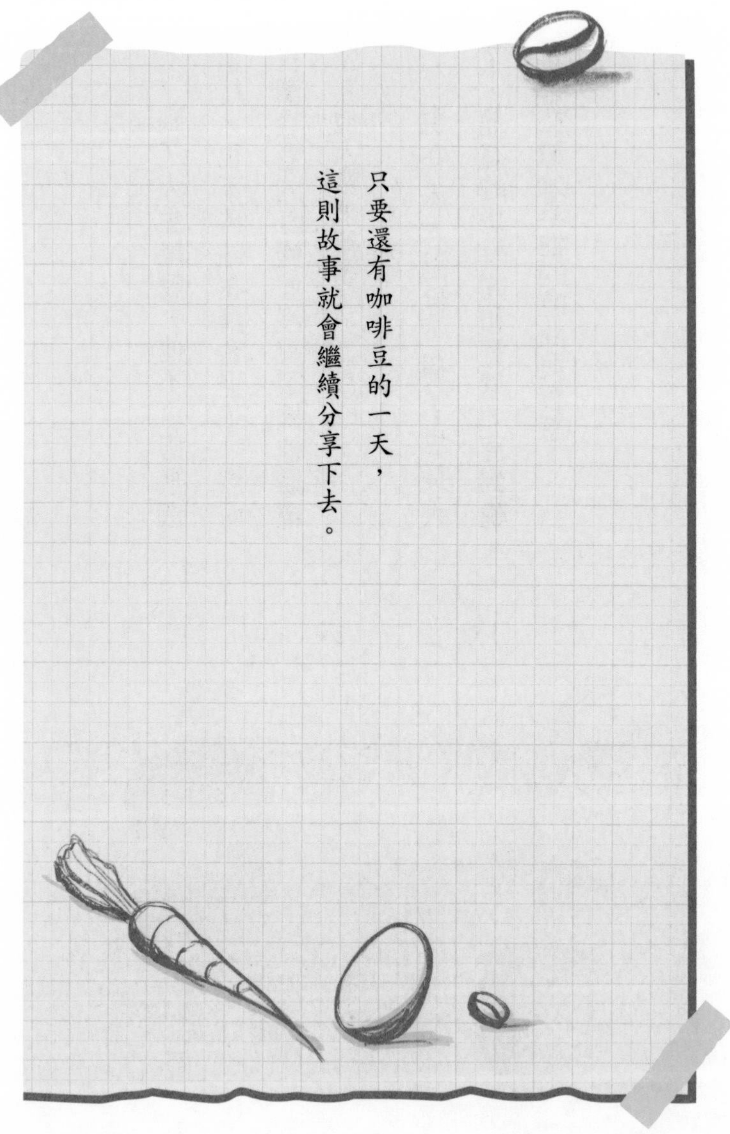
只要還有咖啡豆的一天，
這則故事就會繼續分享下去。

他常常坐在離家不遠的公園長椅上，跟有興趣的人分享咖啡豆的故事。

有天，有一位高中生籃球打到一半，坐在他旁邊的長椅休息。

這名高中生看起來滿臉愁容，所以亞伯問他是否遭遇困難。

真正重要的是，能幫助他人在生命裡改變與成長。

年輕人開始訴說他遭遇的人生難題。

他的學業表現不佳、女友剛跟他分手、他的樂團即將要參與大型演唱會，他很緊張，更別說世界充滿了負能量，讓他心情低落不已。

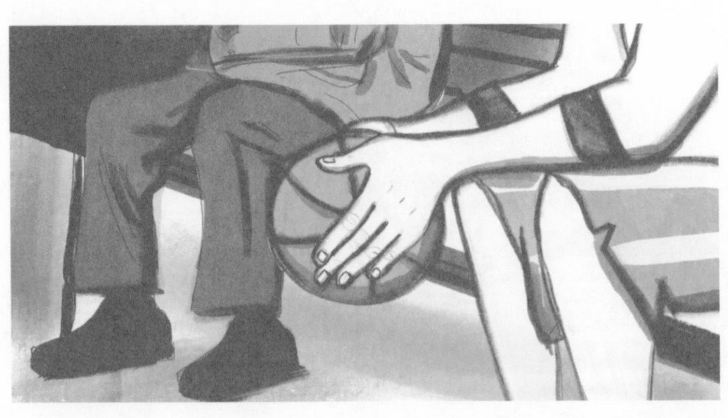

日漸衰老的身體
並不會阻撓人繼續為其他人帶來轉變。

「人生到底有什麼意義？」年輕人問。

人生到底有什麼意義？

亞伯的手伸進口袋，遞給了年輕人一顆咖啡豆，說：「讓我告訴你一個關於胡蘿蔔、雞蛋和咖啡豆的故事……」

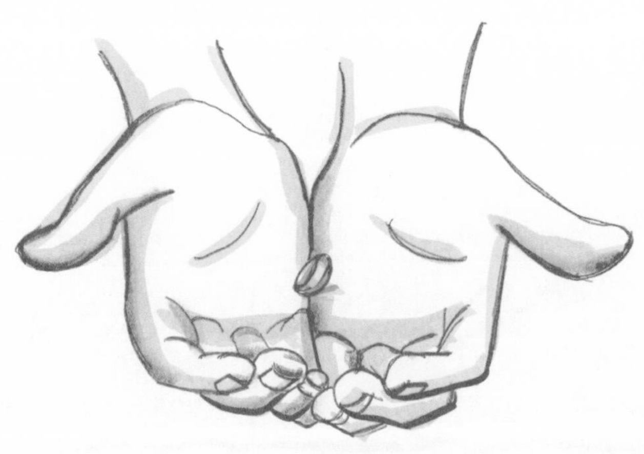

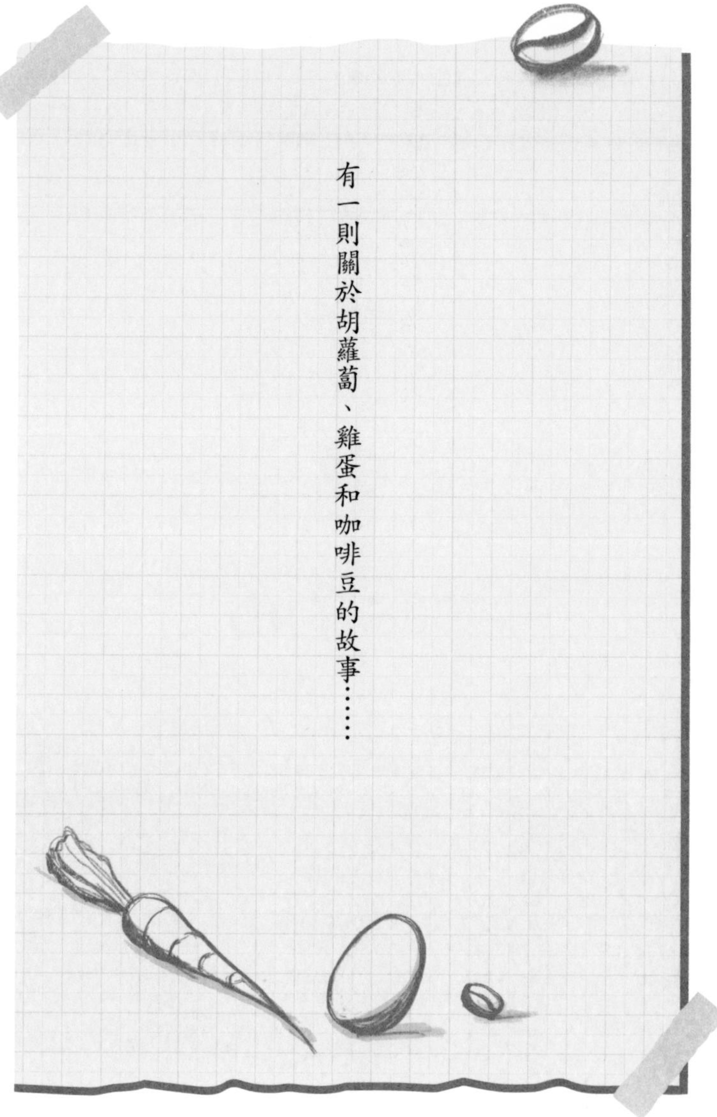
有一則關於胡蘿蔔、雞蛋和咖啡豆的故事……

THE END

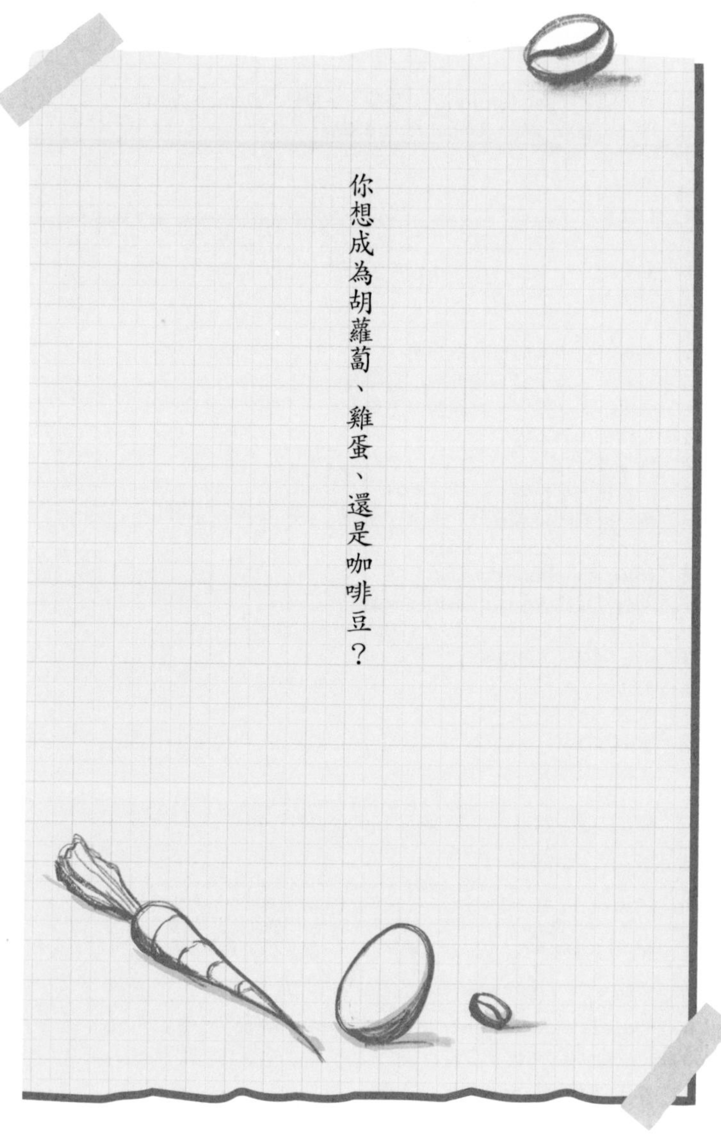
你想成為胡蘿蔔、雞蛋、還是咖啡豆？

翻轉學系列 024

淬鍊成功人生的咖啡豆思維：

翻轉信念，從消沉無力到發揮真實力的經典商業寓言

The Coffee Bean: A Simple Lesson to Create Positive Change

作　　者　強．高登（Jon Gordon）、戴蒙．威斯特（Damon West）
繪　　者　瑞秋．藝潭．金（Rachel Yedam Kim）
譯　　者　張家綺
總 編 輯　何玉美
主　　編　林俊安
責任編輯　鄒人郁
封面設計　劉昱均
內文排版　黃雅芬

出版發行　采實文化事業股份有限公司
行銷企劃　陳佩宜．黃于庭．馮羿勳．蔡雨庭
業務發行　張世明．林踏欣．林坤蓉．王貞玉
國際版權　王俐雯．林冠妤
印務採購　曾玉霞
會計行政　王雅蕙．李韶婉
法律顧問　第一國際法律事務所　余淑杏律師
電子信箱　acme@acmebook.com.tw
采實官網　www.acmebook.com.tw
采實臉書　www.facebook.com/acmebook01

I S B N　978-986-507-069-4
定　　價　330 元
初版一刷　2020 年 1 月
劃撥帳號　50148859
劃撥戶名　采實文化事業股份有限公司
104 台北市中山區南京東路二段 95 號 9 樓
電話：(02)2511-9798　傳真：(02)2571-3298

國家圖書館出版品預行編目資料

淬鍊成功人生的咖啡豆思維：翻轉信念，從消沉無力到發揮真實力的經典商業寓言 / 強．高登（Jon Gordon）、戴蒙．威斯特（Damon West）著；瑞秋．藝潭．金（Rachel Yedam Kim）繪；張家綺譯 - 初版 - 台北市：采實文化，2020.1

168 面；14.8×21 公分 . --（翻轉學系列；24）

譯自：The coffee bean : a simple lesson to create positive change

ISBN 978-986-507-069-4（平裝）

1. 自我實現　2. 成功法

177.2　　108019637

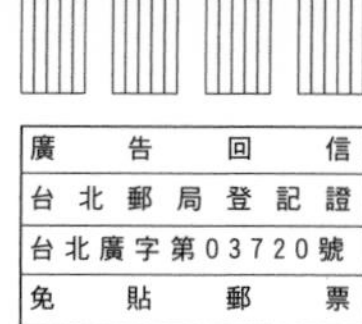

廣 告 回 信
台北郵局登記證
台北廣字第03720號
免 貼 郵 票

采實文化 采實文化事業有限公司

104台北市中山區南京東路二段95號9樓

采實文化讀者服務部　收

讀者服務專線：02-2511-9798

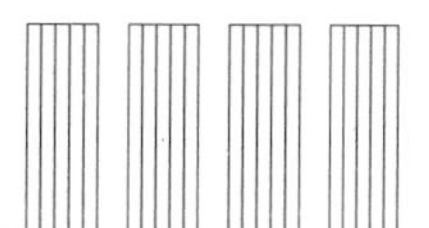

淬鍊成功人生的
咖啡豆思維

翻轉信念，從消沉無力到發揮真實力的經典商業寓言

The Coffee Bean

A Simple Lesson to Create Positive Change

系列：翻轉學系列024
書名：**淬鍊成功人生的咖啡豆思維**

讀者資料（本資料只供出版社內部建檔及寄送必要書訊使用）：

1. 姓名：
2. 性別：□男　□女
3. 出生年月日：民國　　　年　　　月　　　日（年齡：　　　歲）
4. 教育程度：□大學以上　□大學　□專科　□高中（職）　□國中　□國小以下（含國小）
5. 聯絡地址：
6. 聯絡電話：
7. 電子郵件信箱：
8. 是否願意收到出版物相關資料：□願意　□不願意

購書資訊：

1. 您在哪裡購買本書？□金石堂　□誠品　□何嘉仁　□博客來
   □墊腳石　□其他：＿＿＿＿＿＿＿＿＿＿（請寫書店名稱）
2. 購買本書日期是？＿＿＿年＿＿＿月＿＿＿日
3. 您從哪裡得到這本書的相關訊息？□報紙廣告　□雜誌　□電視　□廣播　□親朋好友告知
   □逛書店看到　□別人送的　□網路上看到
4. 什麼原因讓你購買本書？□喜歡心理類書籍　□被書名吸引才買的　□封面吸引人
   □內容好　□其他：＿＿＿＿＿＿＿＿＿＿＿＿＿＿＿＿（請寫原因）
5. 看過書以後，您覺得本書的內容：□很好　□普通　□差強人意　□應再加強　□不夠充實
   □很差　□令人失望
6. 對這本書的整體包裝設計，您覺得：□都很好　□封面吸引人，但內頁編排有待加強
   □封面不夠吸引人，內頁編排很棒　□封面和內頁編排都有待加強　□封面和內頁編排都很差

寫下您對本書及出版社的建議：

1. 您最喜歡本書的特點：□實用簡單　□包裝設計　□內容充實
2. 關於心理領域的訊息，您還想知道的有哪些？

＿＿＿＿＿＿＿＿＿＿＿＿＿＿＿＿＿＿＿＿＿＿＿＿＿＿＿＿＿＿

＿＿＿＿＿＿＿＿＿＿＿＿＿＿＿＿＿＿＿＿＿＿＿＿＿＿＿＿＿＿

3. 您對書中所傳達的內容，有沒有不清楚的地方？

＿＿＿＿＿＿＿＿＿＿＿＿＿＿＿＿＿＿＿＿＿＿＿＿＿＿＿＿＿＿

＿＿＿＿＿＿＿＿＿＿＿＿＿＿＿＿＿＿＿＿＿＿＿＿＿＿＿＿＿＿

4. 未來，您還希望我們出版哪一方面的書籍？

＿＿＿＿＿＿＿＿＿＿＿＿＿＿＿＿＿＿＿＿＿＿＿＿＿＿＿＿＿＿

＿＿＿＿＿＿＿＿＿＿＿＿＿＿＿＿＿＿＿＿＿＿＿＿＿＿＿＿＿＿

翻轉學

翻轉學

翻轉學

翻轉學